30 mai 1904 PN

SUCCESSION
DE
M. Achille LECLERCQ
ANTIQUAIRE

" A la Croix de ma Mère "

1re Vente

SUCCESSION

M. Achille LECLERCQ

ANTIQUAIRE

" A la Croix de ma Mère "

CONDITIONS DE LA VENTE

Elle sera faite au comptant.

Les acquéreurs payeront *dix pour cent* en sus des prix d'adjudication.

L'exposition mettant le public à même de se rendre compte de l'état des objets, il ne sera admis aucune réclamation une fois l'adjudication prononcée.

CATALOGUE

des

TAPISSERIES ANCIENNES

DES XVIIe ET XVIIIe SIÈCLES

Importante Tapisserie de la Manufacture de Beauvais

représentant *"Psyché conduite par l'Amour au Temple de l'hyménée"*

[illegible] François Boucher

Tapisseries des Gobelins de la Série dite "DES INDES"

TABLEAUX ANCIENS

REMARQUABLE PORTRAIT DE LA MARQUISE DE GAUVILLE

attribué à **Carle VANLOO**

PEINTURES DÉCORATIVES — TRUMEAUX — DESSUS DE PORTES

Objets de vitrine — Bijoux anciens

Boites — Bonbonnières — Étuis — Éventails — Montres — Châtelaines — Bagues, etc.

ARGENTERIE ANCIENNE

BRONZES D'AMEUBLEMENT

DES ÉPOQUES LOUIS XV ET LOUIS XVI

Pendules — Candélabres — Appliques — Flambeaux

PORCELAINES ET FAIENCES ANCIENNES

Mobiliers de Salons et Sieges en ancienne tapisserie

BEAU MEUBLE DE SALON EN BOIS SCULPTÉ D'ÉPOQUE LOUIS XVI

Couvert en tapisserie d'Aubusson à sujets d'après [illegible]

Meubles en marqueterie de bois des XVII et XVIII siècles

COLLECTION D'ÉTOFFES ANCIENNES

[illegible]

"A la Croix de ma Mère"

[illegible]

Les Lundi 30, Mardi 31 Mai et Mercredi 1 Juin 1904

à deux heures

[illegible]

[illegible] 137, Boulevard Saint-Germain

[illegible]

EXPOSITIONS : Salles 5, 6, 7 et 8

Particulière : **le Samedi 28 mai 1904** — *Publique :* **le Dimanche 29 mai 1904**

[illegible]

ORDRE DES VACATIONS

Lundi 30 Mai

	NUMÉROS
Tableaux — Peintures décoratives — Gravures. — Dessins	1 à 24
Faïences et Porcelaines anciennes	25 à 98
Objets divers	99 à 110
Éventails	111 à 133

Mardi 31 Mai

Bijoux anciens	134 à 179
Miniatures. — Tabatières. — Étuis	180 à 192
Argenterie ancienne	193 à 219
Bronzes d'ameublement	220 à 248

Mercredi 1 Juin

Sièges couverts en tapisserie	249 à 256
Sièges	257 à 265
Meubles	266 à 296
Tapisseries	297 à 341
Étoffes. — Tapis	342 à 379

PEINTURES DÉCORATIVES

TRUMEAUX — DESSUS DE PORTES

TABLEAUX ANCIENS

DESSINS — GRAVURES

PEINTURES DÉCORATIVES

ÉCOLE FRANÇAISE

DU XVIIIe SIÈCLE

1 — *Peinture décorative.*

En forme de dessus de porte à sujet allégorique. Encadrement de baguettes Louis XVI en bois doré.

ÉCOLE FRANÇAISE

DU XVIIIe SIÈCLE

2 *Deux peintures décoratives.*

A sujets d'enfants, du temps de Louis XV, encadrées de baguettes en bois sculpté et doré.

ÉCOLE FRANÇAISE

DU XVIIIe SIÈCLE

3 *Deux peintures décoratives* du temps de Louis XV.

A sujets de volatiles sur fond de paysage. Encadrements de forme contournée en bois sculpté et doré formant dessus de porte.

ÉCOLE FRANÇAISE

DU XVIIIe SIÈCLE

4 *Quatre peintures décoratives.*

A sujets allégoriques, du temps de Louis XV, en forme de dessus de porte; encadrements en baguettes bois sculpté doré.

ÉCOLE FRANÇAISE

DU XVIIIe SIÈCLE

5 — *L'Automne.*

Peinture décorative du temps de Louis XV.

TABLEAUX ANCIENS

BOUCHER

(D'après)

6 — *Amours dans les nuages.*

Peinture décorative en forme de dessus de porte. Encadrements en baguettes Louis XVI en bois sculpté doré.

LAGRENÉE

Attribué à

7 — *Peinture décorative.*

A sujet allégorique figurant l'Automne.

OUDRY

(Genre d')

8 — *Chien et perdrix.*
Renard et perdrix.

Deux peintures décoratives en forme de dessus de porte.

NATOIRE

Attribué à

9 — *Le Bain de Diane.*

Toile décorative en forme de dessus de porte.

SNYDERS

(Genre de)

10 — *Sujets de Chasses.*

Quatre peintures décoratives. Encadrements en bois sculpté doré.

Haut., 1 m. 85 ; larg., 2 m. 60.

ÉCOLE FRANÇAISE

DU XVIIIe SIÈCLE

11 — *Portrait de Femme* du temps de Louis XVI.

Vue de face, en corsage à rayures vertes.
Toile de forme ovale.

ÉCOLE FRANCAISE

DU XVIIIe SIÈCLE

12 — *Portrait de Femme* du temps de la Régence.

Cadre en bois sculpté et doré.

ÉCOLE HOLLANDAISE

13 – *Les Singes cuisiniers.*
Les Singes buveurs.

Deux peintures sur cuivre faisant pendants.

LARGILLIÈRE

Attribué à N.)

14 – *Portrait de Femme.*

Décolletée, corsage en velours rouge et broderies d'or. Ovale équarri.

Cadre Louis XV en bois sculpté doré.

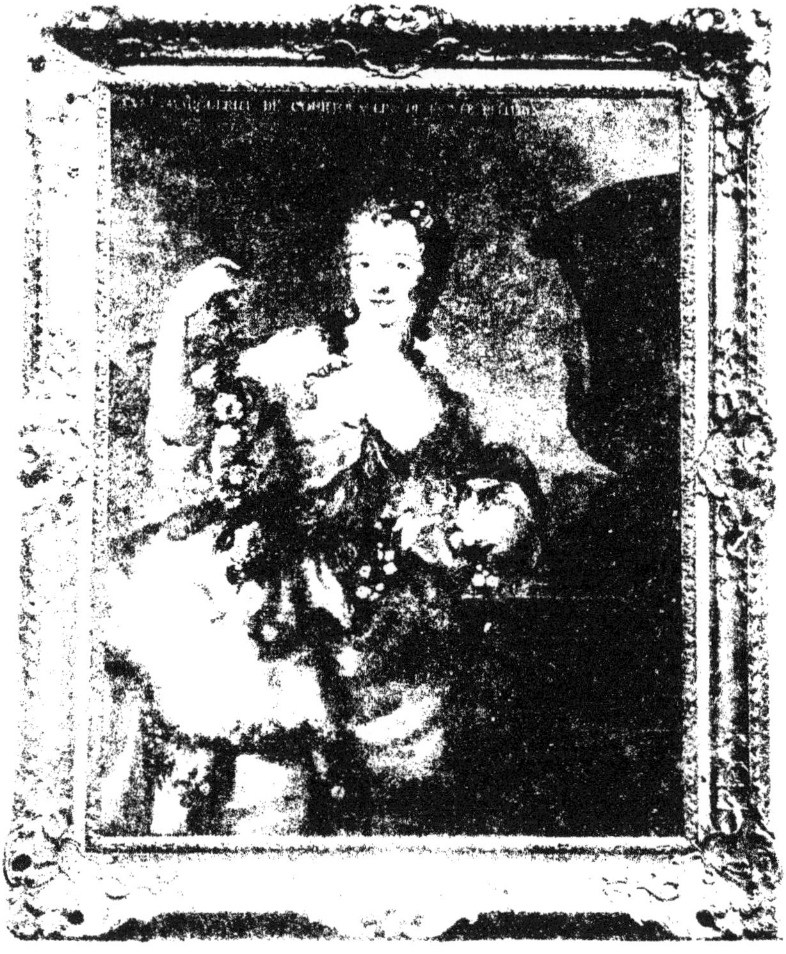

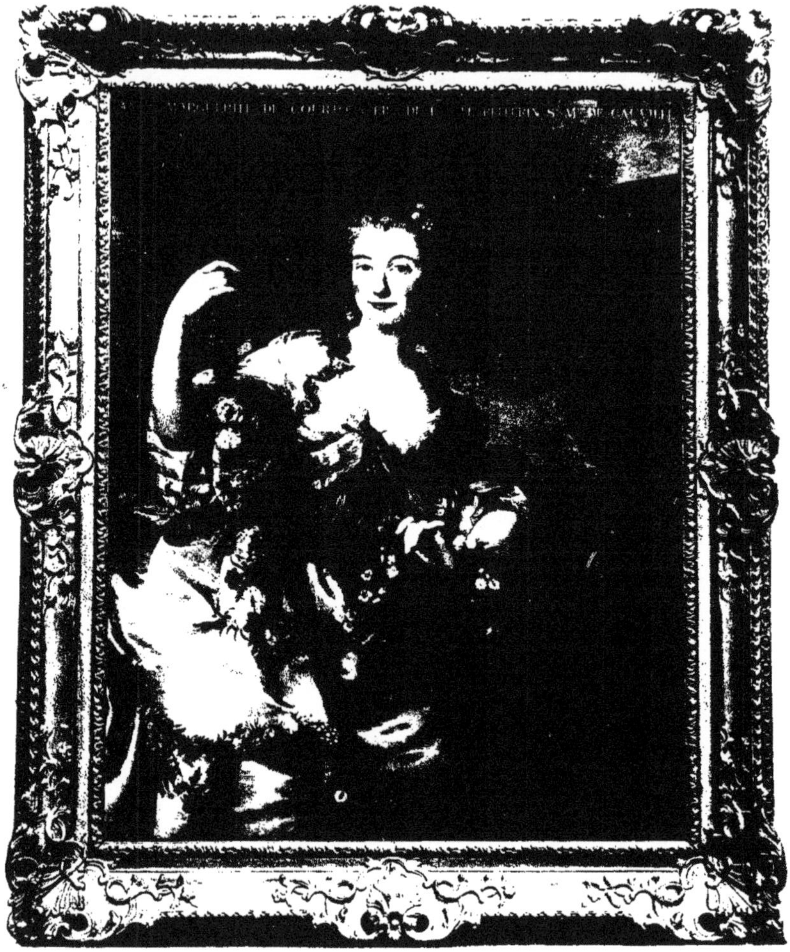

VANLOO

(Attribué à CARLE)

15 — *Portrait de Anne-Marguerite de Courtoux*, épouse de François le Pellerin, seigneur marquis de Gauville.

Elle est représentée à mi-corps, en Flore, adossée à un socle surmonté d'un vase ; vêtue d'une jupe en satin blanc ornée de fleurs, corsage de gaze péquinée, enrubannée de bleu. Elle tient de ses deux mains une guirlande de fleurs.

Gracieux portrait d'une grande fraîcheur de coloris.

Cadre Régence en bois sculpté et doré.

Toile. — Haut., 1 m. 15 ; larg., 0 m. 90.

DESSINS

PERSICO

16 — *Passage du Mincio et Fête funèbre en l'honneur du général Calvin.*

Deux aquarelles. Cadres Empire.

MOREAU L'AINÉ
(LOUIS)

17 — *Allégorie à l'Hymen.*

Dessin à la plume et au lavis.
Signé et daté 1772.

GRAVURES

18 — *La Rosière. — Les petits Ramoneurs. Les Fumeurs. — Les Moustaches.*

Quatre lithographies par L. Boilly, de la suite des Grimaces. En couleurs.

19 — *Comic readings. — Tragic readings.*

Deux gravures anglaises, d'après Boyne, faisant pendants. En bistre.

20 — *Le Garde-Chasse scrupuleux.*

Gravure en couleurs d'après Challe.

21 — *Sujets de Chasse.*

Quatre gravures, d'après C. Vernet, par Debucourt. En noir.

22 — *Louis XVIII*

Portrait grandeur nature. Gravure en couleurs.

23 — *The Golden Age.*

Gravure anglaise par Green, d'après West. En manière noire. Cadre en bois sculpté.

24 — *La Noce de village.*

Gravure par Descourtis, d'après Taunay. Épreuve du premier tirage avec les armes, imprimée en couleurs.

OBJETS D'ART

ANCIENNES FAIENCES

DE ROUEN ET MARSEILLE

ANCIENNES PORCELAINES

de

CHANTILLY, MENNECY, SÈVRES, SAXE, VIENNE, BERLIN
NAPLES, ETC., ETC.

25 — GRAND PLAT de forme ovale en ancienne *faïence de Rouen*, à décor bleu, de rosace et lambrequins.

26 — DEUX JARDINIÈRES en forme d'appliques, en ancienne *faïence de Rouen*, à décor polychrome de fleurs.

27 — TROIS ASSIETTES, dont une creuse, en faïence de Marseille; décor polychrome à paysage animé de figures, au centre, et fleurettes au marli.

28 — QUATRE ASSIETTES, dont deux creuses, en faïence de Marseille, décorées au centre de paysages avec figures; marli à fleurettes.

29 — PETIT BUSTE de Diderot en biscuit, sur socle en bois orné de guirlandes en bronze doré.

30 — TASSE ET SOUCOUPE en porcelaine de Chine, à décor d'intérieurs familiers, avec personnages ; bordure festonnée, à fond d'or.

31 — DEUX ASSIETTES en porcelaine de Chine, de la famille rose, à sujets de personnages et bordures à fleurs et quadrillés, de décors différents.

32 — ASSIETTE en porcelaine tendre de Chantilly, décorée au centre des armes des Condé, en bleu, et au marli de fleurettes en couleurs.

33 — DEUX ASSIETTES en porcelaine tendre de Chantilly, gaufrées et décorées de fleurettes en camaïeu rose.

34 — DEUX SUCRIERS à poudre avec plateaux et couvercles en porcelaine tendre de Chantilly, décorés en couleurs, l'un à fleurs et l'autre dans le style coréen.

35 — FLACON en porcelaine tendre de Chantilly, à décor coréen en couleurs ; monture en argent.

36 — BOÎTE figurant un mouton en porcelaine tendre de Chantilly ; monture en argent.

37 — PORTE-BOUQUET, forme vase, en porcelaine tendre de Saint-Cloud, émaillée en blanc.

38 — ASSIETTE en porcelaine de Naples, offrant au centre la vue d'un port avec personnages ; bordure à fleurettes.

39 — DEUX PETITS VASES à fleurs sur socles, en porcelaine de Chelsea.

40 — Théière en porcelaine tendre de Mennecy, à décor de bouquets de fleurs, en couleurs.

41 — Théière en porcelaine tendre de Mennecy, à décor en couleurs de guirlandes de fleurs.

42 — Sucrier en porcelaine tendre de Mennecy, à godrons et fleurettes en couleurs.

43 — Deux pots à pommade en porcelaine tendre de Mennecy, de décors variés.

44 — Deux petits vases Médicis et deux socles en porcelaine tendre de Mennecy, à décor de fleurettes en couleurs.

45 — Commode simulée en porcelaine tendre de Mennecy, à décor de fleurettes; monture en argent.

46 — Petite boîte en forme de commode simulée, en porcelaine tendre de Mennecy; monture en argent.

47 — Boîte formée d'une chienne et son petit chien, en porcelaine tendre de Mennecy; monture en argent.

48 — Boîte en forme de chatte, en porcelaine tendre de Mennecy; monture en argent.

49 — Boîte faite d'une femme accroupie, en porcelaine tendre de Mennecy; monture en argent.

50 — Boîte formée par un groupe de deux chiens, en porcelaine tendre de Mennecy; monture en argent.

51 — Petite boîte en forme de groupe de lionne et lionceau, en porcelaine tendre de Mennecy; monture en argent.

52 — Boîte en forme de corbeille, en porcelaine tendre de Mennecy ; monture en argent.

53 — Boîte en porcelaine tendre de Mennecy, à décor de fleurettes ; monture en argent.

54 — Deux compotiers ronds, deux compotiers carrés, deux grands saladiers, un bol à punch en porcelaine tendre de Tournai, decorée dans le goût de Sèvres de bouquets de fleurs en couleurs, encadrés de feuilles de choux en bleu et or.

55 — Deux assiettes en porcelaine tendre de Sèvres et Tournai, à decors variés.

56 — Deux assiettes, dont une creuse, en porcelaine tendre de Sèvres, à decors variés.

57 — Assiette en porcelaine tendre de Sèvres, décor à bandes bleues pointillées d'or.

58 — Compotier en porcelaine tendre de Sèvres, décoré de bouquets de fleurs en couleurs et feuilles de choux en bleu.

59 — Tasse de forme cylindrique avec sa soucoupe en porcelaine tendre de Sèvres, decorée de bandes vertes et fleurettes.

60 — Deux tasses de forme cylindrique et leurs soucoupes en porcelaine tendre de Sèvres, à décor de bouquets de fleurs et feuilles de choux en bleu.

61 — Petite tasse et sa soucoupe en porcelaine tendre de Sèvres, décorée en camaïeu rose d'amour et de paysage.

62 — PETITE TASSE et sa soucoupe en porcelaine tendre de Sèvres, à décor de paysage.

63 — POT A CRÈME en porcelaine tendre de Sèvres, à décor de bouquets de fleurs.

64 — SALIÈRE DOUBLE en porcelaine tendre de Sèvres, à décor de fleurettes et bandes bleues.

65 — ENCRIER formé d'une tasse en porcelaine tendre de Sèvres, à fond bleu turquoise et médaillon en réserve, orné de fleurs en couleurs. Monture en bronze doré avec fleurettes en porcelaine.

66 — BROC en porcelaine tendre de Sèvres, à décor de bouquets de fleurs, en camaïeu bleu.

67 — DÉJEUNER composé d'un plateau, théière, sucrier, pot à crème, tasse et soucoupe en porcelaine tendre de Sèvres, à décor d'arabesques, avec fleurs et oiseaux en couleurs sur fond vert.

68 — DEUX TRÈS PETITS SOCLES à quatre pans, en porcelaine décorée de fleurettes.

69 — TROIS FLACONS en porcelaine allemande en forme de figurines d'Amour et de soldats.

70 — SUCRIER avec couvercle auprès d'une statuette de nègre, en porcelaine de Berlin, à fond jaune, avec réserves à fleurs et oiseaux.

71 — GROUPE de deux personnages avec petit Amour, au pied d'un arbre, en porcelaine de Vienne.

72 — QUATRE ASSIETTES en porcelaine de Saxe, à décors variés.

73 — Deux petites tasses en porcelaine de Saxe, à décor de fleurettes.

74 — Quatre petites corbeilles, deux ovales et deux rectangulaires, en porcelaine de Saxe.

75 — Paire de salières en porcelaine de Saxe, à décor de fleurettes.

76 — Paire de salières en forme de coquilles, porcelaine de Saxe, à décor de fleurettes.

77 — Deux socles de statuettes en porcelaine de Saxe, rehaussés de dorure.

78 — Boîte avec son couvercle, à décor de personnages en couleurs, en porcelaine de Saxe.

79 — Lion héraldique tenant un glaive en porcelaine de Saxe, décoré au naturel.

80 — Mouton décoré au naturel, en porcelaine de Saxe.

81 — Groupe de deux moutons couchés, en porcelaine de Saxe, décoré au naturel.

82 — Deux oiseaux décorés au naturel, en porcelaine de Saxe.

83 — Figurine de fillette formant baguier en porcelaine de Saxe.

84 — Figurine : Amour à la cage, en porcelaine de Saxe.

85 — Deux statuettes : Enfants assis sur socles, en porcelaine de Saxe.

86 — PETITE STATUETTE figurant Minerve, en porcelaine de Saxe. Musée Cognacq

87 — DEUX STATUETTES figurant la Musique et la Science, en porcelaine de Saxe.

88 — FIGURINE d'enfant jardinier, en porcelaine de Saxe.

89 — STATUETTE figurant un personnage de la Comédie italienne, en porcelaine de Saxe.

90 — FIGURINE de sauvage debout, tenant d'une main un perroquet, et de l'autre un serpent, en porcelaine de Saxe.

91 — STATUETTE figurant un soldat turc, en porcelaine de Saxe.

92 — STATUETTE figurant un joueur de flageolet, avec chien à ses pieds, en porcelaine de Saxe.

93 — GROUPE de deux personnages, en porcelaine de Saxe.

94 — GROUPE de berger et bergère assis sur terrasse avec chien et mouton en porcelaine de Saxe.

95 — GROUPE de trois figures, en porcelaine de Saxe.

96 — GROUPE en porcelaine de Saxe, chasseur tenant en laisse trois chiens, sur terrasse à rocailles.

97 — GROUPE de cinq enfants musiciens, en porcelaine de Saxe.

98 — GRANDE STATUETTE de femme et Amour figurant le Printemps, en porcelaine de Saxe.

OBJETS DIVERS

99 — PAIRE DE VASES simulés en marbre rouge, ornés de bronzes ciselés, têtes de béliers et guirlandes. Époque Louis XVI.

100 — ENCRIER en bois de thuya, orné de bronzes ciselés et dorés. Époque Empire.

101 — ENCRIER en marbre blanc, orné de bronzes ciselés et dorés.

102 — LUSTRE à neuf lumières en bronze et cristaux. Époque Louis XV.

103 — DEUX CHRISTS en ivoire sculpté sur croix en bois noir. XVIIe siècle.

104-107 — QUATRE CHRISTS en ivoire sculpté du XVIIe siècle sur croix en bois.

(*Sera divisé.*)

108 — DEUX BUSTES en marbre de couleur. Négrillons sur piédouches en marbre blanc.

109 — GAINE en marbre rouge veiné.

110 — AUTRE GAINE en marbre blanc veiné, orné de cannelures dorées.

ÉVENTAILS ANCIENS

111 — Éventail ancien avec feuille peinte à la gouache, offrant au centre un sujet à nombreux personnages : *Le Galant chasseur*. Riche monture en nacre ajourée, agrémentée de figures et rocailles avec rehauts d'or.

112 — Éventail ancien avec feuille peinte à la gouache sur vélin à trois compartiments, offrant au centre une *jeune fille pleurant* au pied d'une cage vide et aux extrémités des Amours tirant des flèches. Monture en nacre ajourée et rehaussée de figures et rocailles en dorure.

113 — Éventail du temps de Louis XIV, peint au vernis Martin, représentant la *Fête des Loges*, dans la forêt de Saint-Germain; au premier plan, groupe de personnages de qualité.

114 — Éventail du temps de Louis XVI; feuille peinte à la gouache, représentant un sujet galant : *La Cueillette des fleurs*. Monture en nacre, rehaussée de dorure.

115 — Éventail du temps de Louis XVI : feuille peinte à la gouache, divisée en trois compartiments : au centre, de *joyeux buveurs* sont attablés devant un cabaret : de chaque côté, médaillons avec marines. Monture nacre, rehaussée d'ors de couleurs.

116 — Éventail du temps de Louis XVI; feuille peinte à la gouache, figurant une *Danse champêtre*. Monture en os, découpée à jour et rehaussée de figures et d'ornements en ors de couleurs.

117 — Éventail du temps de Louis XV; feuille peinte à la gouache, représentant un *sujet allégorique*. Monture en nacre ajourée avec rehauts de peintures.

118 — Éventail du temps de Louis XV; feuille peinte à la gouache, représentant un roi assis sur son trône et recevant des présents. Monture en nacre ajourée et rehaussée de figures et rocailles en plusieurs ors.

119 — Éventail du temps de Louis XV; feuille peinte à la gouache, offrant un *sujet pastoral* dans un paysage. Monture ivoire, rehaussé d'ors de couleurs.

120 — Éventail du temps de Louis XV; feuille peinte à la gouache avec sujet principal: *Pastorale*, et six compartiments avec sujets galants et paysages. Monture en nacre, rehaussée d'ors de couleurs.

121 — Éventail du temps de Louis XV; feuille peinte à la gouache à *sujet galant*, avec cavalier sur fond de paysage. Monture en os, découpé et peint avec rehauts d'ors de couleurs.

122 — Éventail du temps de Louis XV; feuille peinte à la gouache, représentant une *offrande sur un autel*. Monture nacre ajourée avec figures et rocailles en plusieurs ors.

123 — Éventail du temps de Louis XV; feuille peinte à la gouache à *sujet mythologique*. Monture en nacre ajourée, décorée de rocailles, rehaussées d'ors de couleurs.

124 — Éventail du temps de Louis XV; feuille peinte à la gouache, offrant un *sujet galant* dans un fond de paysage. Monture en nacre découpée, et rehaussée d'amours et de fleurs en dorure.

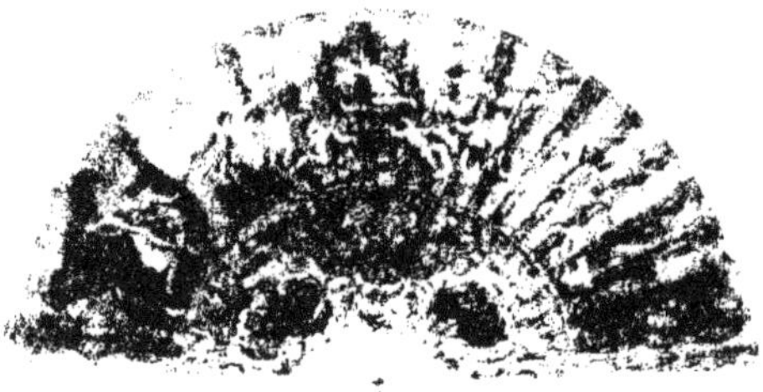
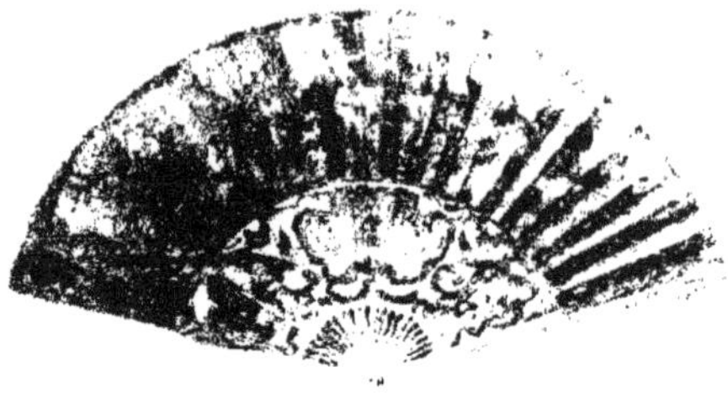
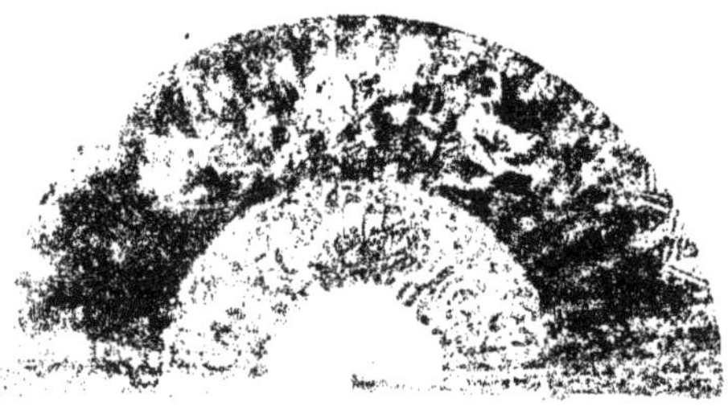
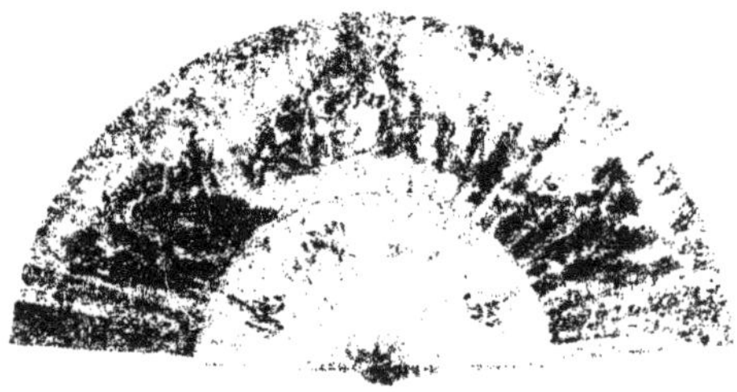
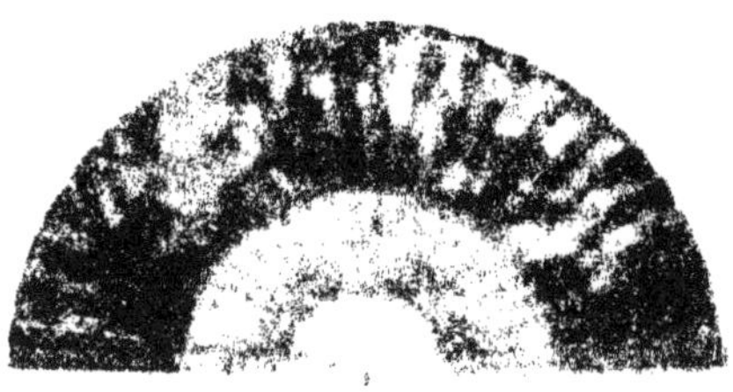
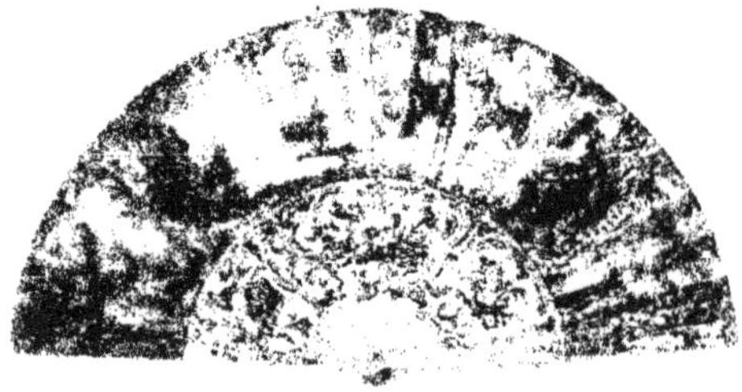

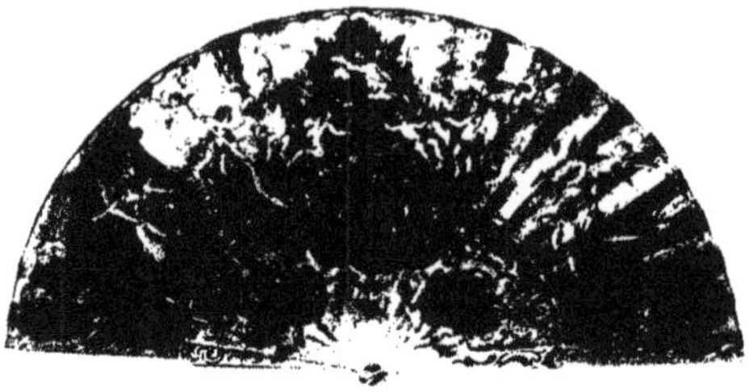
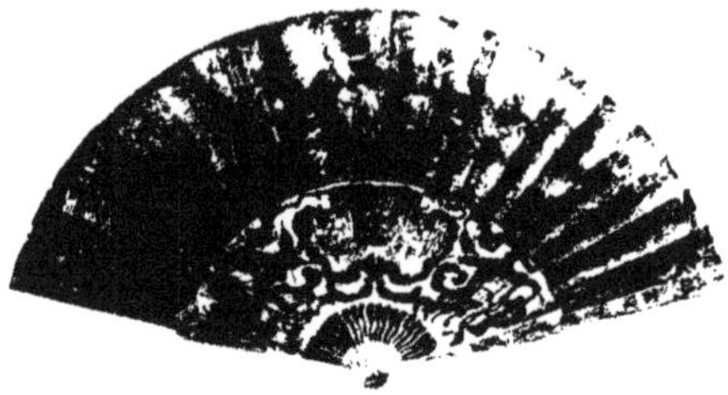
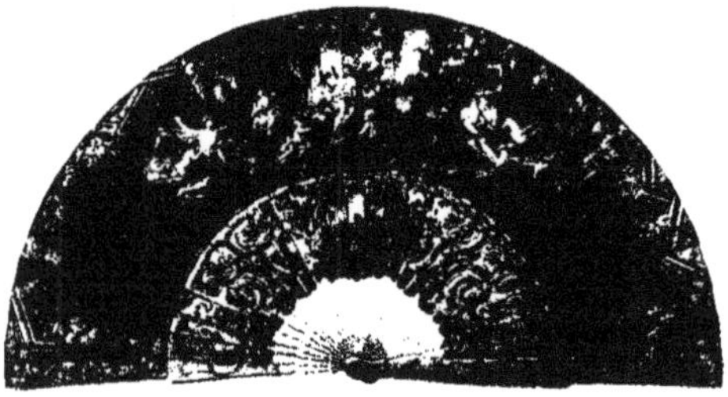
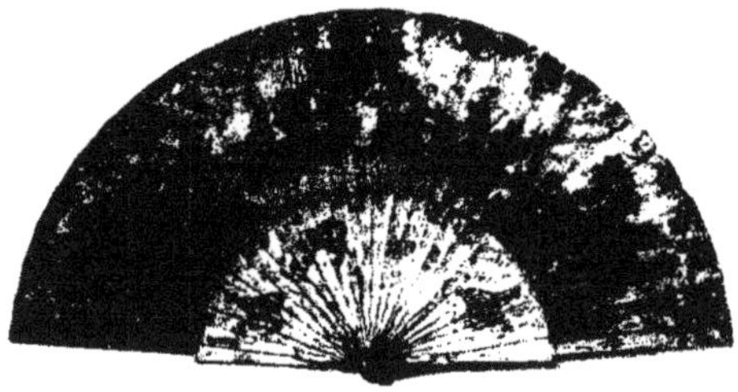
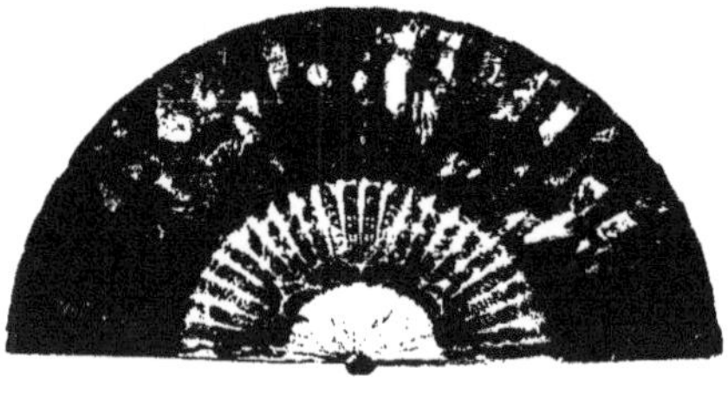
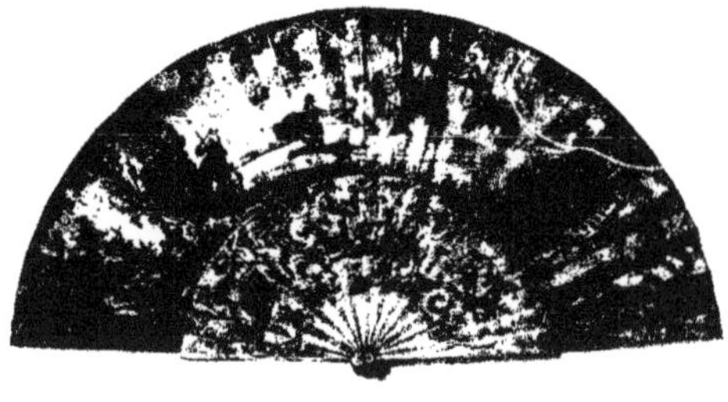

125 — Éventail du temps de Louis XV; feuille peinte à la gouache, représentant un *Concert champêtre* dans le goût de Lancret. Monture ivoire et os découpé, avec motifs sculptés de rocailles, rehaussés de peintures au vernis.

126 — Éventail du temps de Louis XV; feuille peinte à la gouache, représentant en de nombreuses figures une *Offrande à l'autel de l'Amour*. Monture ivoire et os découpée à jour, rehaussés d'ornements peints au vernis.

127 — Éventail du temps de Louis XV; feuille peinte à la gouache : nombreux couples offrant des fleurs et des présents à l'*Autel de l'Hymen*. Monture en nacre peinte et dorée.

128 — Éventail du temps de Louis XV; feuille peinte à la gouache, offrant en de nombreuses figures les *Fêtes de l'Hyménée*. Monture en nacre, incrustée et ajourée, rehaussée d'ors de couleurs.

129 — Éventail du temps de Louis XV; feuille peinte à la gouache, figurant *Amphitrite* traînée par des dauphins. Monture en nacre sculptée avec personnages et rocailles, rehaussée de dorures et de fleurs peintes.

130 — Éventail du temps de Louis XV; feuille peinte à la gouache, figurant une *Offrande à l'Amour*. Riche monture en nacre ajourée avec rehauts d'or et sujets d'Amours peints au vernis.

131 — Éventail du temps de Louis XV, avec feuille peinte à la gouache sur vélin, offrant un *sujet allégorique*, divisé en trois compartiments, séparés par des motifs de rocailles fleuries. Monture en nacre, rehaussée de sujets peints dans le goût de Pillement.

132 — Éventail du temps de Louis XV; feuille finement peinte à la gouache, offrant un *sujet mythologique* avec nombreuses figures. Riche monture en ivoire sculpté avec figures, ornements et rocailles, rehaussée de peintures et de dorures.

133 — Éventail du temps de Louis XV; feuille peinte à la gouache à sujet allégorique figurant l'*Automne*. Riche monture en nacre ajourée avec figures et ornements en rocailles, rehaussés d'ors de couleurs.

BIJOUX ANCIENS

BOUCLES, BOUTONS, MONTRES, CHATELAINES, BAGUES
ÉTUIS, BOITES EN OR

134 — Douze cachets en argent. XVIIIe siècle.

135 — Trois paires de boucles, en argent, ornées de strass, de forme ovale. Époque Louis XVI.

136 — Trois boucles, de forme rectangulaire, en argent en partie doré, ornées de strass, disposées en marguerites et torsades. Époque Louis XVI.

137 — Trois boucles, de forme rectangulaire, en argent, ornées de strass. Époque Louis XVI.

138 — Paire de grandes boucles, de forme rectangulaire, en argent en partie doré, ornées de strass, et attributs de la Franc-Maçonnerie. Époque Louis XVI.

139 — Paire de boucles, en argent, ornées de deux rangs de strass. Époque Louis XVI.

140 — PAIRE DE BOUCLES, en argent en partie doré, ornées de strass. Époque Louis XVI.

141 — SIX BOUTONS, en argent, ornés de strass, de style Louis XV.

142 — SEIZE BOUTONS, en argent et strass, de style Louis XVI.

143 — VINGT-HUIT BOUTONS, en argent, ornés de strass, de style Louis XVI.

144 — VINGT-TROIS GRANDS BOUTONS et SEIZE PETITS, en argent, ornés de strass. Style Louis XV.

145 — DIX-HUIT GRANDS BOUTONS et QUINZE PETITS, en argent et strass, de style Louis XVI.

146 — VINGT-QUATRE GRANDS BOUTONS et DIX-HUIT PETITS, forme marguerite, en argent et strass, de style Louis XVI.

147 — DEUX CROIX normandes, en argent doré, ornées de pierres blanches. Époque Louis XVI.

148 — COLLIER tour de cou, en argent et argent doré, orné de strass, avec croix formant pendentif. Époque Louis XVI.

149 — PARURE en argent, verre bleu et marcassite, composée d'un tour de cou en perles fausses avec pendentif, deux broches, deux pendants d'oreilles et une bague.

150 — SEPT BAGUES en or, ornées de pierres diverses, cachet, etc. XVIIIe siècle.

151 — QUATRE BAGUES, or et argent, ornées de pierres de couleurs et émaux. XVIIIe siècle.

152 — DEUX BAGUES en or, avec miniatures, portraits de femme et d'homme. Époque Louis XVI.

153 — TROIS BAGUES en or et argent. XVIIIe siècle.

154 — DEUX BAGUES en or, ornées de pierres de couleurs. XVIIIe siècle.

155 — DEUX BAGUES, or et argent, ornées de strass. Époque Louis XVI.

156 — DEUX BAGUES en or, argent, émail bleu et cailloux du Rhin. Époque Louis XVI.

157 — BAGUE en or, avec chaton en émail à figure de jardinier. Époque Louis XVI.

158 — BAGUE en or : le chaton, entouré de roses, est fait d'un émail, portrait de femme. Époque Louis XVI.

159 — BAGUE en or, à chaton mobile. Sur le dessus, miniature représentant deux colombes, au revers la devise : *Rien sans peine*. Époque Louis XVI.

Musée Cognacq

160 — MONTRE en or, le boîtier orné d'un bas-relief à sujet de chasse. Époque Louis XVI.

161 — MONTRE en or ciselé, ornée au centre d'un émail, tête de femme. Époque Louis XVI.

162 — MONTRE en or ciselé, à motifs de feuillages en partie émaillés, et, au centre, un médaillon en émail sur or, à sujet de paysage, avec figures. Époque Louis XVI.

163 — MONTRE en or en partie émaillée en couleurs, offrant au centre un médaillon, portrait de femme en émail. Époque Louis XVI.

164 — MONTRE en or, ornée de cailloux du Rhin et offrant au revers émaillé en plein un médaillon à sujet allégorique. Époque Louis XVI.

165 — Chatelaine en cuivre doré, du temps de Louis XV, ornée de petits médaillons en émail à sujets de paysages. Montre en or, ornée de roses et émail. Tête de femme.

166 — Chatelaine de la fin du règne de Louis XVI, en or et vermeil, ornée d'émaux à sujets de personnages. Montre en or, avec mouvement apparent orné de roses.

167 — Chatelaine de la fin du règne de Louis XVI, en or et émaux de Genève.

168 — Chatelaine de la fin du règne de Louis XVI, en or, argent et émaux de Genève. Montre en or émaillé et cerclée de roses.

169 — Chatelaine de la fin du temps de Louis XVI, en argent doré et émaux de couleurs. Montre en or émaillé à sujet de petite figure.

170 — Chatelaine du temps de Louis XV, en or ciselé à motifs de figures et rocailles en bas-relief; la spatule en argent doré. Montre en or avec cercle en petites roses.

171 — Trois paires de petits ciseaux en or, du temps de Louis XVI.

172 — Huit dés à coudre en or guilloché et gravé. Époque Louis XVI (sera divisé).

173 — Petit étui en or guilloché et gravé.

174 — Étui Louis XVI en métal doré et émaillé, avec inscription : *Souvenir d'amitié*.

175 — Étui en or guilloché. Époque Louis XVI.

176 — Petite bonbonnière en or, avec rosaces gravées. Époque Louis XVI.

177 — Bonbonnière en or guilloché, avec semis d'étoiles, et bordure de perles en relief. Époque Louis XVI.

178 — Bonbonnière en or guilloché et semis d'étoiles. Époque Louis XVI.

179 — Boite ovale en or guilloché, avec médaillon à fruits et fleurs. Époque Louis XVI.

MINIATURES, TABATIÈRES, ÉTUIS

180 — Miniature de forme ronde représentant une jeune femme en robe blanche, assise à son bureau et écrivant. Époque Louis XVI.

181 — Miniature de forme ronde représentant une jeune femme en déshabillé blanc assise à sa table-toilette. Signée et datée : *Violet*, 1787. Époque Louis XVI. Étui en galuchat.

182 — Grande miniature de forme ovale, représentant *Catherine Opalynska*, reine de Pologne, en costume de Cour.

183 — Tabatière de forme oblongue en écaille brune. Sur le dessus : miniature portrait de jeune femme en costume Louis XV.

184 — Bonbonnière ronde en écaille brune piquée d'or. Sur le dessus : miniature portrait de jeune femme en buste

avec nœud de ruban dans les cheveux ; fond de paysage. Époque Louis XVI.

185 — BONBONNIÈRE ronde en vernis Martin à rayures vertes et rouges. Sur le dessus : miniature portrait de jeune fille. Époque Louis XVI.

186 — BONBONNIÈRE de forme ronde, cerclée d'or avec miniature : Portrait d'homme en habit noir rayé de bleu.

187 — BONBONNIÈRE de forme ronde en écaille brune, piquée d'étoiles d'or. Sur le dessus : miniature portrait de femme coiffée d'un chapeau orné de roses rouges. Époque Louis XVI.

188 — BONBONNIÈRE de forme ronde, en vernis Martin, à rayures or et burgau. Sur le dessus : miniature jeune femme endormie, la poitrine découverte. Époque Louis XVI.

189 — BONBONNIÈRE de forme ronde, en vernis Martin, cerclée d'or. Sur le dessus : petit émail représentant une *Offrande à l'amour*. Époque Louis XVI.

190 — DEUX ÉTUIS-SOUVENIRS en ivoire, avec montures en argent doré, ornés de médaillons avec chiffres découpés et sujets. Époque Louis XVI.

191 — ÉTUI-NÉCESSAIRE en vernis Martin, à fond d'or et sujets galants dans le goût de Watteau. Il est garni de ses accessoires. Époque Louis XV. Musée Cognacq

192 — DEUX ÉTUIS en vernis Martin, décorés de figures, dans le goût de Greuze ou de Boucher. Musée Cognacq

ARGENTERIE ANCIENNE

193 — Cinq tasses à vin en argent.

194 — Cuiller à sucre en argent, du temps de Louis XV, avec coquille et armoiries.

195 — Huit cuillers à café en vermeil, du temps de Louis XV, de deux modèles différents, avec coquille et armoiries.

196 — Moutardier en argent, du temps de Louis XVI, garniture en verre bleu.

197 — Deux moutardiers en argent, du temps de Louis XVI, garnis de verre bleu.

198 — Paire de salières doubles en argent, du temps de Louis XVI, godets en verre bleu.

199 — Paire de salières doubles en argent, du temps de Louis XVI, avec leurs godets en verre bleu.

200 — Autre paire de salières doubles du temps de Louis XVI, en argent, avec leurs godets en verre bleu.

201 — Deux salières en argent, du temps de Louis XV, dont une avec couvercle en forme de coquille.

202 — Porte-huilier en argent, du temps de Louis XV, il est muni de burettes en cristal.

203 — Porte-huilier en argent, de la fin du temps de Louis XV, avec bouchons et burettes en verre.

204 — Réchaud de forme circulaire à trois pieds, en argent, avec bordure ajourée. xviiie siècle.

205 — Réchaud de forme circulaire à trois pieds, et bord ajouré en forme de guirlandes, en argent, du temps de Louis XV.

206 — Plat rond Louis XV, à bords contournés, en argent, avec bordure à filets.

207 — Plat rond Louis XV, à bords contournés en argent, avec bordure à filets et armoiries.

208 — Plat rond à bords contournés, du temps de Louis XV, en argent, avec armoiries, bordure à filets.

209 — Plat rond à bords contournés, du temps de Louis XV, en argent, avec armoiries, bordure à filets.

210 — Plat rond de forme contournée, de style Louis XV, bordure à godrons, feuillages et armoirie.

211 — Plat long Louis XV, en argent, de forme contournée, bordure à filets.

212 — Plat long Louis XV, à bords contournés, en argent, avec bordure à filets.

213 — Légumier en forme d'écuelle à oreilles, avec couvercle surmonté d'un bouton. Époque Louis XV.

214 — Petite verseuse Empire en argent, à trois pieds à griffes.

215 — Trois très petites cafetières de forme basse, en argent, du temps de Louis XVI.

216 — Petite cafetière basse en argent. Époque Louis XVI.

217 — Cafetière en argent, à trois pieds. Époque Louis XV.

218 — Cafetière en argent doré, à trois pieds, et branche fleurie sur le couvercle.

219 — Paire de flambeaux du temps de Louis XIV, modèle à balustre avec profils en médailles.

BRONZES D'AMEUBLEMENT

FLAMBEAUX, CANDELABRES, CHENETS, PENDULES, ETC.

220 — Deux motifs de chutes de meuble en forme de cariatides ailées de femmes, en bronze ciselé. Époque Régence.

221 — Deux presse-papiers formés chacun d'un chien en bronze ciselé et doré, sur socle en marbre bleu turquin, orné de perles. Époque Louis XVI.

222 — Deux presse-papiers formés chacun d'un caniche couché, en bronze ciselé et doré, sur socle en marbre blanc, orné de perles.

223 — Lanterne d'antichambre du temps de Louis XV, à cinq faces, avec son porte-bougies à cinq lumières, en bronze ciselé et doré.

224 — Paire de flambeaux du temps de Louis XVI, en bronze ciselé et doré.

225 — Paire de petits flambeaux du temps de Louis XVI, en forme de colonnes cannelées avec guirlandes, en bronze ciselé et doré.

226 — Paire de flambeaux en forme de cassolettes, bronze ciselé et doré. Époque Louis XVI.

227 — Paire de flambeaux en forme de cassolettes, à trépieds et socle triangulaire, en bronze ciselé et doré. Époque Louis XVI.

228 — Paire de flambeaux du temps de la Régence, en bronze ciselé et doré.

229 — Paire de flambeaux à deux lumières, du temps de Louis XVI, en bronze ciselé.

230 — Paire de flambeaux à trois lumières, du temps de Louis XVI, en bronze ciselé et doré.

231 — Paire de vases en verre bleu, montés en bronze doré et supportant un bouquet de roses, formant flambeaux.

232 — Paire de flambeaux formés chacun d'un vase en verre bleu, monté en bronze doré et supportant une tige de feuillages avec fleurs. Époque Louis XVI.

233 — Flambeau-bouillotte à deux lumières, du temps de Louis XVI, en bronze, avec son abat-jour.

234 — Paire de petits candélabres Louis XVI, formés chacun d'une statuette de femme en bronze patiné, portant un bouquet de trois lumières, socles en marbre orné de bronzes.

235 — Paire de petits candélabres à trois lumières, formés de figures de femmes debout, en bronze patiné, supportant le bouquet. Socles en marbre blanc et bleu, ornés de mascarons, chaînettes et perles en bronze ciselé et doré. Époque Louis XVI.

236 — PAIRE DE PETITS CHENETS du temps de Louis XV, formés chacun d'un enfant sur une terrasse en rocailles et feuillages, en bronze ciselé et doré.

237 — PAIRE DE PETITS CHENETS du temps de Louis XV, formés chacun d'un enfant nu, assis sur des rinceaux et rocailles, en bronze doré.

238 — PAIRE DE CHENETS du temps de Louis XVI, en bronze, en forme d'amortissements.

239 — PAIRE DE CHENETS du temps de Louis XVI, en bronze, modèle à vase, médaille et brûle-parfum.

240 — PAIRE DE BRAS-APPLIQUES à deux lumières, du temps de la Restauration, en bronze ciselé et doré.

241 — PAIRE DE BRAS-APPLIQUES à deux lumières, du temps de Louis XVI, surmontés d'un vase enguirlandé, bronze ciselé et doré.

242 — PAIRE DE BRAS-APPLIQUES à deux lumières, du temps de Louis XV, modèle à rocailles et feuillages, bronze ciselé et doré.

243 — PAIRE DE BRAS-APPLIQUES à deux lumières, du temps de Louis XV, en bronze ciselé et doré, modèle à rocailles et feuillages.

244 — PAIRE DE BRAS-APPLIQUES à deux lumières, du temps de la Régence, en bronze ciselé.

245 — PAIRE DE BRAS-APPLIQUES à deux lumières, du temps de la Régence, modèle à cariatides de femmes, bronze doré.

246 — PAIRE DE BRAS-APPLIQUES à trois lumières, du temps de la Régence, supportés par un amour en bas-relief, bronze ciselé doré.

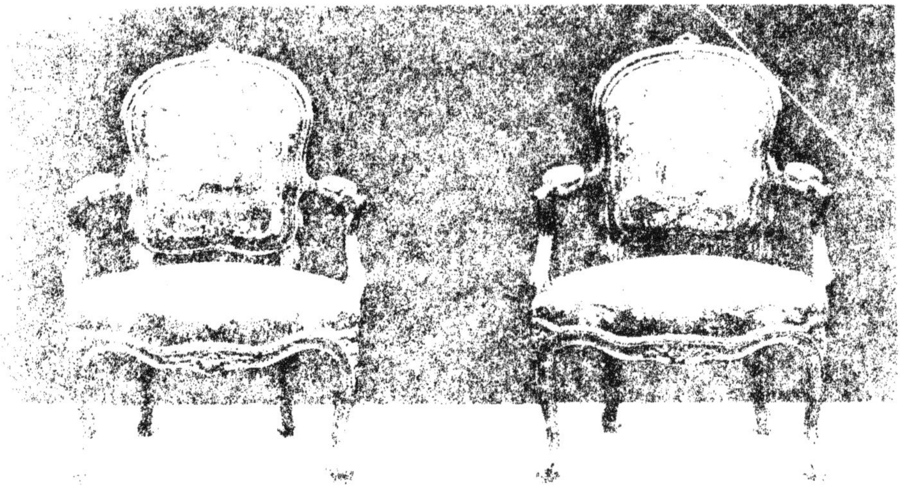

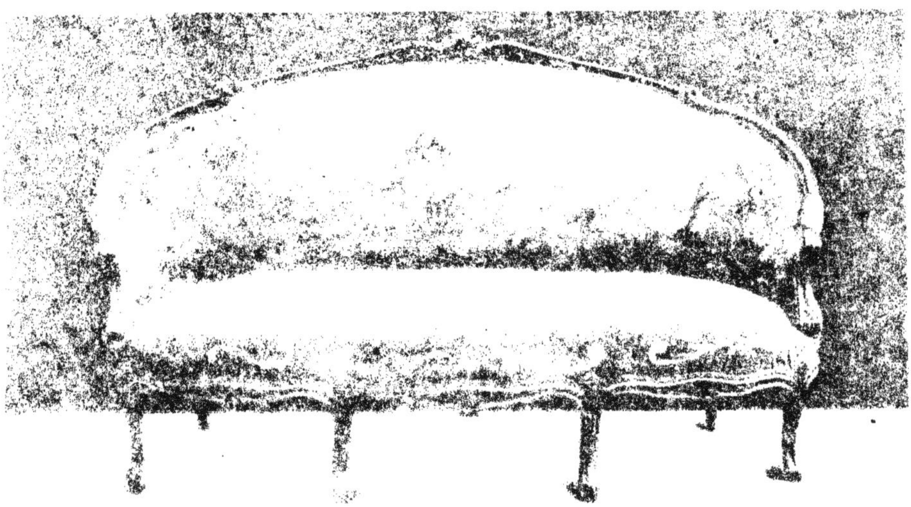

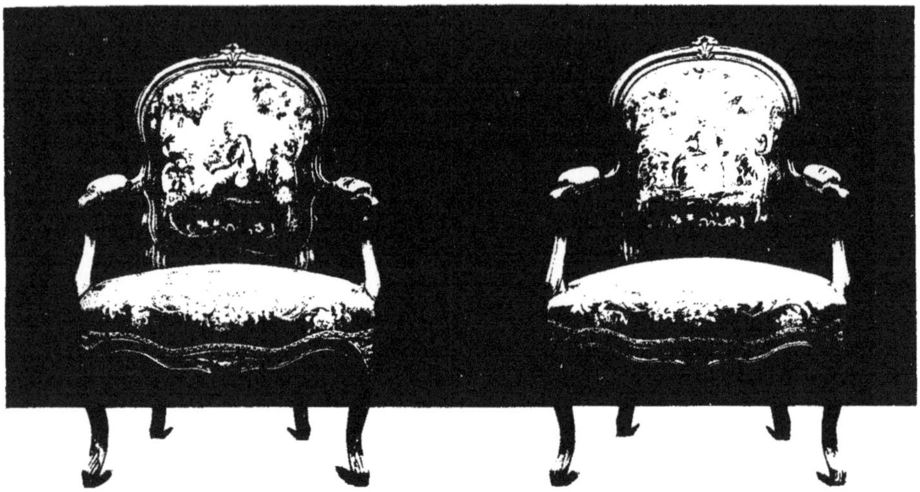

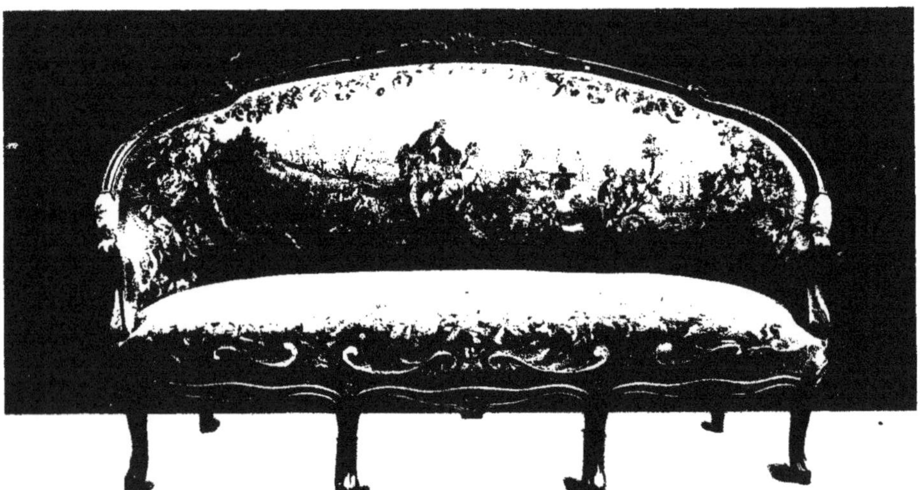

247 — PENDULE en marbre blanc ornée de deux figures debout : femme personnifiant l'Histoire, et enfant soutenant un médaillon. Sur le socle, bas-reliefs à sujets d'enfants, en bronze ciselé et doré. Époque Louis XVI.

248 — PENDULE en marbre blanc, ornée de deux figures de femme et enfant ailé en bronze patiné, et d'appliques en bronze ciselé et doré. Cadran et mouvement de *Lepaute*. Contre-socle en marbre blanc décoré de perles et lauriers, en bronze ciselé doré. Époque Louis XVI.

SIÈGES COUVERTS EN TAPISSERIE

249 — MOBILIER de salon, composé d'un canapé et de deux fauteuils en bois sculpté et doré, garnis de tapisseries d'Aubusson, représentant des animaux dans des encadrements de fleurs et d'ornements sur fond rouge. Époque Louis XV.

Le bois du canapé est moderne.

Largeur du canapé : 2 m. 20.

250 — MOBILIER de salon en bois sculpté, composé d'un canapé et de six fauteuils, garnis de tapisseries d'Aubusson à fond rose. Les dossiers sont ornés de sujets champêtres, les sièges sont à sujets de chasse avec encadrements de fleurs. Époque Louis XV.

Le bois du canapé est moderne.

Largeur du canapé : 2 mètres.
Largeur d'un fauteuil : 0 m. 64.

251 — FAUTEUIL en bois sculpté, peint en blanc et garni de tapisseries au point. Époque Louis XV.

252 — DEUX FAUTEUILS de style Louis XV en bois sculpté, garnis de tapisseries anciennes d'Aubusson, à décor de personnages et d'animaux.

253 — BEAU MOBILIER de salon, composé de quatre fauteuils et d'un canapé en bois sculpté et peint en blanc; ces bois sont garnis de tapisseries très fines de la manufacture d'Aubusson, représentant des scènes pastorales d'après Boucher et des sujets de chasse d'après Oudry.

Le canapé offre sur le dossier une composition de trois groupes de bergers et de bergères qui échangent des propos galants, tandis qu'à leurs pieds leurs moutons et leurs chèvres sont accroupis; le siège est une composition d'après les dessins d'Oudry : un cerf s'est abattu sur le bord d'une mare, quatre chiens se sont jetés sur lui et s'apprêtent à le dévorer.

Les fauteuils représentent :

1° *La Pêche à l'épuisette; Un Lion tuant une Antilope;*

2° *La Pêche à la ligne; Cerfs à la mare;*

3° *Jeune Fille à la fontaine : Mouton et Pigeons;*

4° *La Fermière et ses Poulets; Le Chien et le Loup.*

Ces tapisseries très fines, gracieusement dessinées, d'un coloris très doux et très harmonieux, sont montées sur des bois ornés de fines sculptures, offrant un fronton de couronne de chêne, et, aux côtés, des volutes d'où pendent des guirlandes; les bras de ces meubles présentent une courbe gracieuse, soutenue par des colonnes cannelées. Époque Louis XVI.

Largeur du canapé : 1 m. 95.
Largeur d'un fauteuil : 0 m. 64.

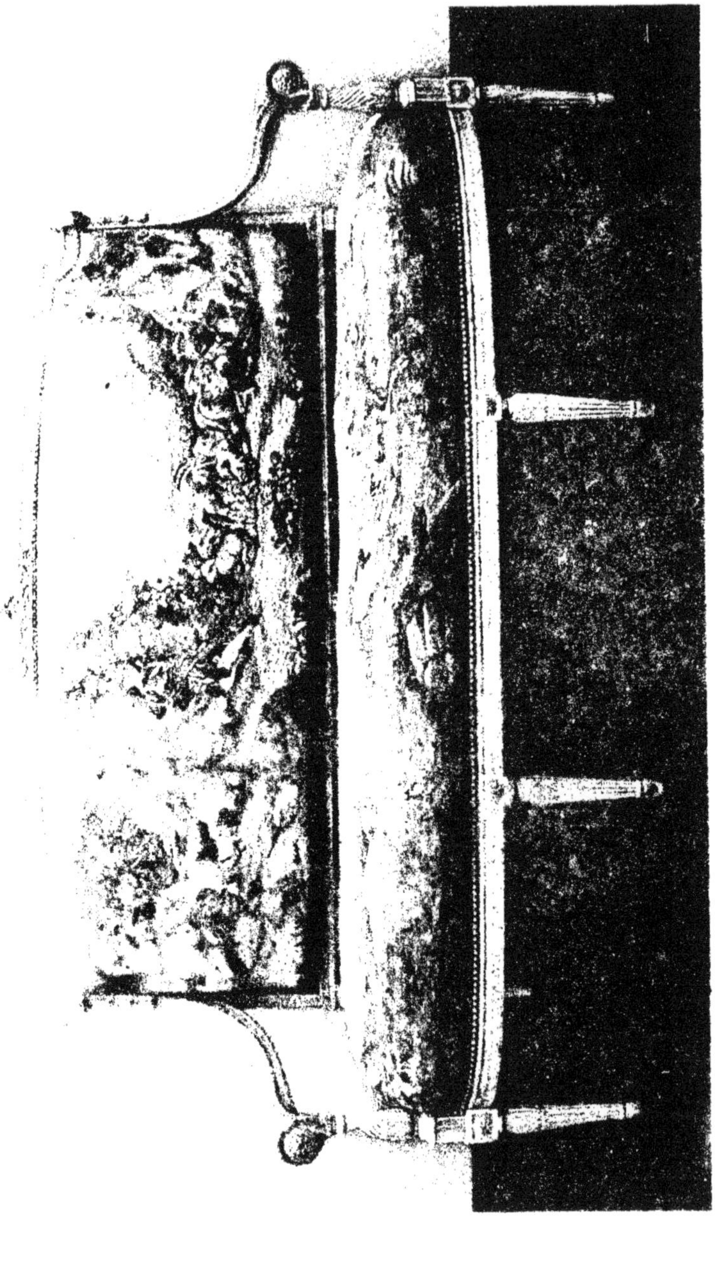

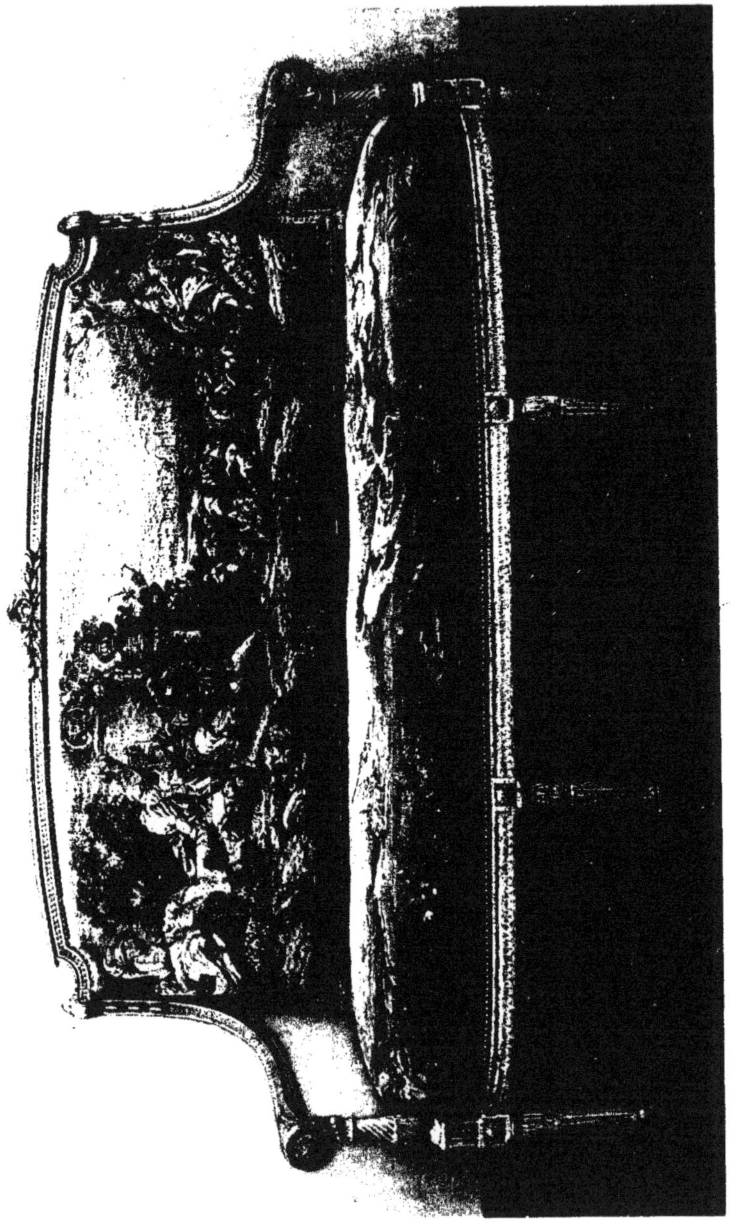

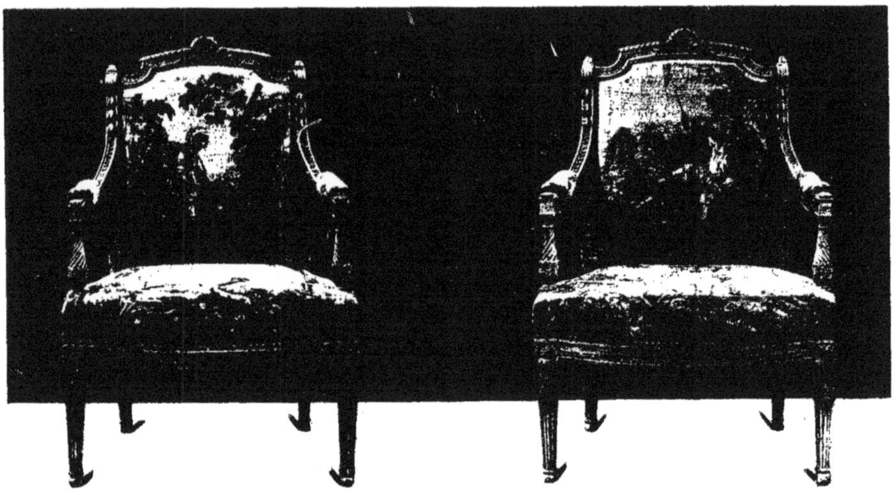

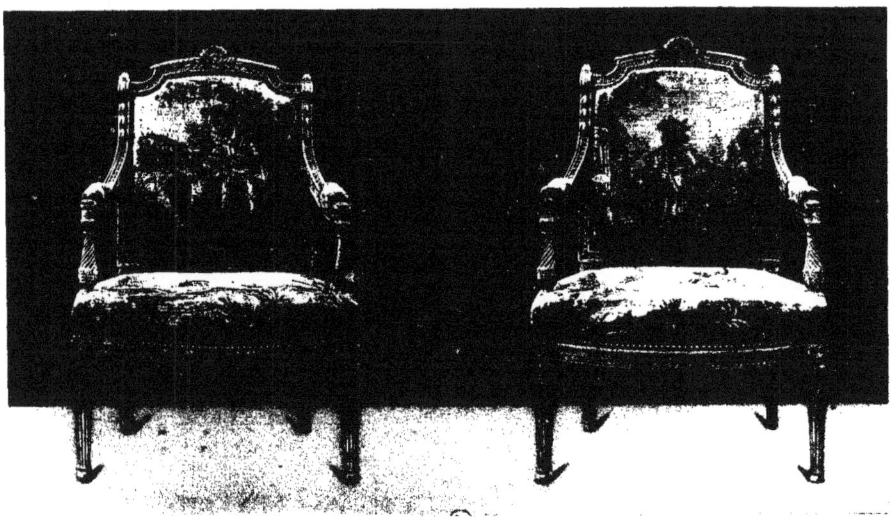

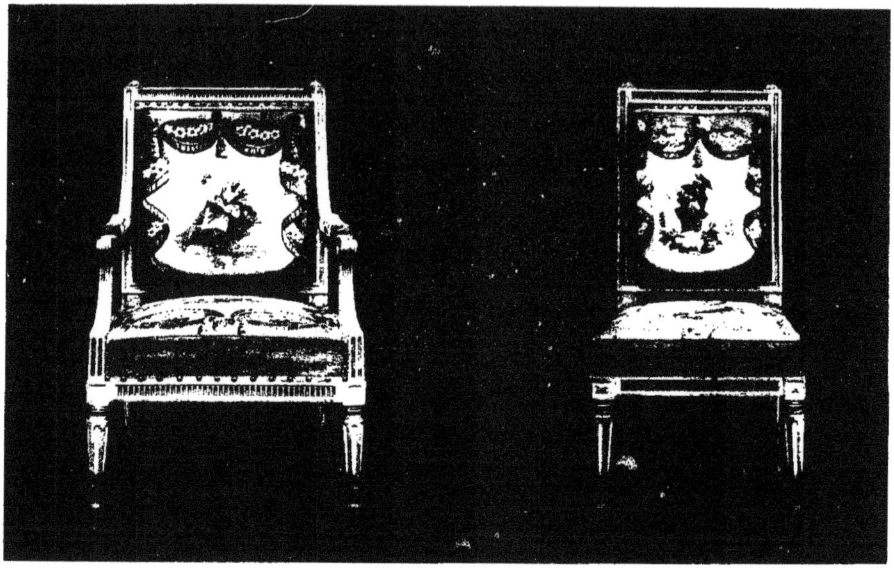

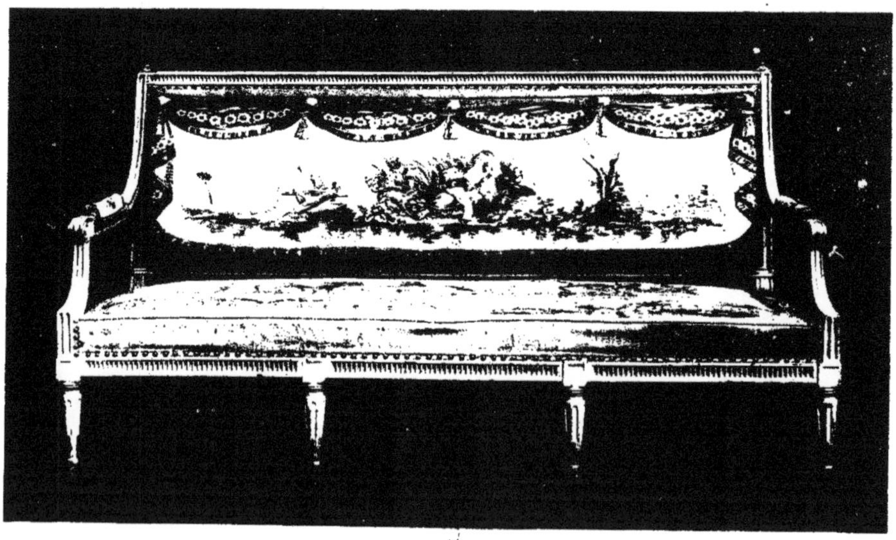

254 — MOBILIER de salon, composé d'un canapé, de quatre fauteuils et de quatre chaises en bois sculpté, blanc et or, garni de tapisseries d'Aubusson; à encadrements de draperies rouges sur fond vert d'eau. Les dossiers sont décorés de sujets à petits personnages et les sièges représentent des animaux. Époque Louis XVI.

Largeur du canapé : 2 mètres.
Largeur d'un fauteuil : 0 m. 58.

255 — DEUX FAUTEUILS en bois sculpté et doré, garnis de tapisseries d'Aubusson à draperies et vases de fleurs. Époque Louis XVI.

256 — DEUX CHAISES de style Louis XVI, en bois sculpté, garnies de tapisseries anciennes, encadrées de lambrequins; les dossiers représentent des petits personnages; les sièges offrent des sujets tirés des fables de La Fontaine, encadrés de guirlandes de fleurs.

SIÈGES

257 — MOBILIER, composé de deux canapés et de six fauteuils en bois sculpté; dossiers et sièges garnis de canne dorée. Époque Louis XIV.

Largeur d'un canapé : 1 m. 60.
Largeur d'un fauteuil : 0 m. 60.

258 — DEUX FAUTEUILS en bois sculpté. Époque Régence.

259 — TROIS CHAISES en bois sculpté; siège et dossier cannés. Époque Louis XV.

260 — FAUTEUIL en bois sculpté, garni en bergère. Époque Louis XV.

264 — Fauteuil de bureau en bois sculpté et laqué blanc, garni en blanc. Époque Louis XV.

262 — Deux tabourets en bois sculpté. Époque Louis XV.

263 — Deux fauteuils en bois sculpté. Époque Louis XVI.

264 — Canapé à deux places, en bois sculpté. Époque Louis XVI.

265 — Fauteuil de bureau, en bois sculpté ; siège mobile recouvert de cuir. Signé F. Geny. Époque Louis XVI.

MEUBLES

266 — Table en bois de noyer sculpté, à pieds en éventail, formés de cariatides aux ailes déployées, réunies par des colonnes droites. Époque Renaissance.

267 — Petite table carrée en bois de noyer, à pieds formés de colonnes droites. Époque Renaissance.

268 — Table en bois de noyer à volets et jambes torses. Époque Louis XIII.

269 — Chaise a porteurs en bois sculpté et doré, décorée de peintures représentant des bouquets de fleurs, des oiseaux et des armoiries sur fond d'or et garnie à l'intérieur de velours de Gênes, à dessin grenat sur fond d'argent. Époque Louis XV.

270 — Vitrine ouvrant à deux portes vitrées en bois noir avec moulures et filets de cuivre. Époque Louis XIV

271 — PETITE CONSOLE à trois côtés, en bois sculpté et doré, recouverte d'un marbre en brèche d'Alep. Époque Régence.

272 — BUREAU plat en bois de placage orné de motifs en bronze tels que chutes, poignées, entrées, mascarons, sabots et quart de rond sur le dessus. Époque Louis XV.

273 — TOILETTE-DUCHESSE de forme contournée en bois de placage. Elle est ornée de motifs en bronze : entrées de serrures et sabots. Époque Louis XV.

274 — COMMODE de forme contournée à deux tiroirs en marqueterie de bois de couleurs à fleurs, ornée d'appliques en bronze ciselé et doré : chutes, entrées, sabots. Dessus de marbre brèche d'Alep. Époque Louis XV

275 — PETITE COMMODE à deux tiroirs en marqueterie de bois de couleurs à fleurs, ornée de motifs en bronze, tels que chutes, entrées et sabots. Dessus de marbre gris. Époque Louis XV.

276 — PETITE TABLE à quatre pieds cambrés et deux tiroirs en marqueterie de bois de couleurs. Dessus de bois de placage. Époque Louis XV.

277 — CHIFFONNIER à six tiroirs en marqueterie de bois de couleurs, orné de motifs en bronze, tels que poignées, entrées et chutes. Dessus de marbre. Époque Louis XV.

278 — PETITE TABLE à trois tiroirs et pieds cambrés en marqueterie de bois de couleurs à fleurs. Dessus de marbre. Époque Louis XV.

279 — PETITE ARMOIRE à hauteur d'appui, ouvrant à deux portes en bois de placage. Dessus de marbre. Époque Louis XV

280 — Petite table bureau en bois de placage avec tiroir à compartiments. Époque Louis XV.

281 — Grand cadre en bois sculpté et doré pouvant encadrer une tapisserie. Époque Louis XV.

Hauteur : 3 m. 10. Largeur : 4 m. 55.

282 — Commode formant bureau en marqueterie de bois de placage, ornée d'anneaux et entrées de serrure en bronze doré. Époque Louis XVI.

283 — Petit secrétaire en acajou, orné de rais de cœur en bronze doré. Époque Louis XVI.

284 — Meuble d'encoignure en acajou avec plinthe moulurée ouvrant à une porte et portant l'estampille de Riesener. Dessus de marbre blanc. Époque Louis XVI.

285 — Meuble d'entre-deux ouvrant à deux portes avec tiroirs intérieurs, en bois de placage. Dessus de marbre. Époque Louis XVI.

286 — Bureau a cylindre en acajou, à pieds cannelés. Dessus de marbre blanc et galerie ajourée en cuivre. Époque Louis XVI.

287 — Table de nuit en acajou, ouvrant à coulisse avec pieds cannelés. Époque Louis XVI.

288 — Petit secrétaire chiffonnier en bois de placage. Dessus de marbre. Époque Louis XVI.

289 — Petit haut de bureau ouvrant à coulisse, en acajou. Dessus de marbre blanc et galerie ajourée en cuivre. Epoque Louis XVI.

290 — Vitrine ouvrant à deux portes grillagées en bois de placage avec dessus de marbre. Époque Louis XVI.

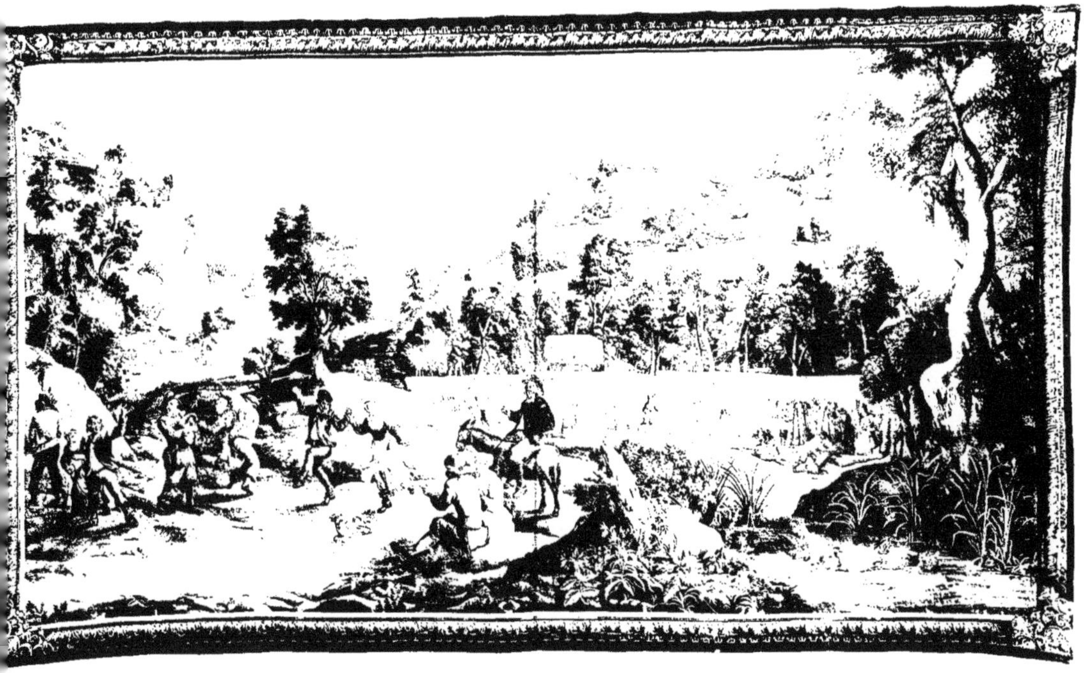

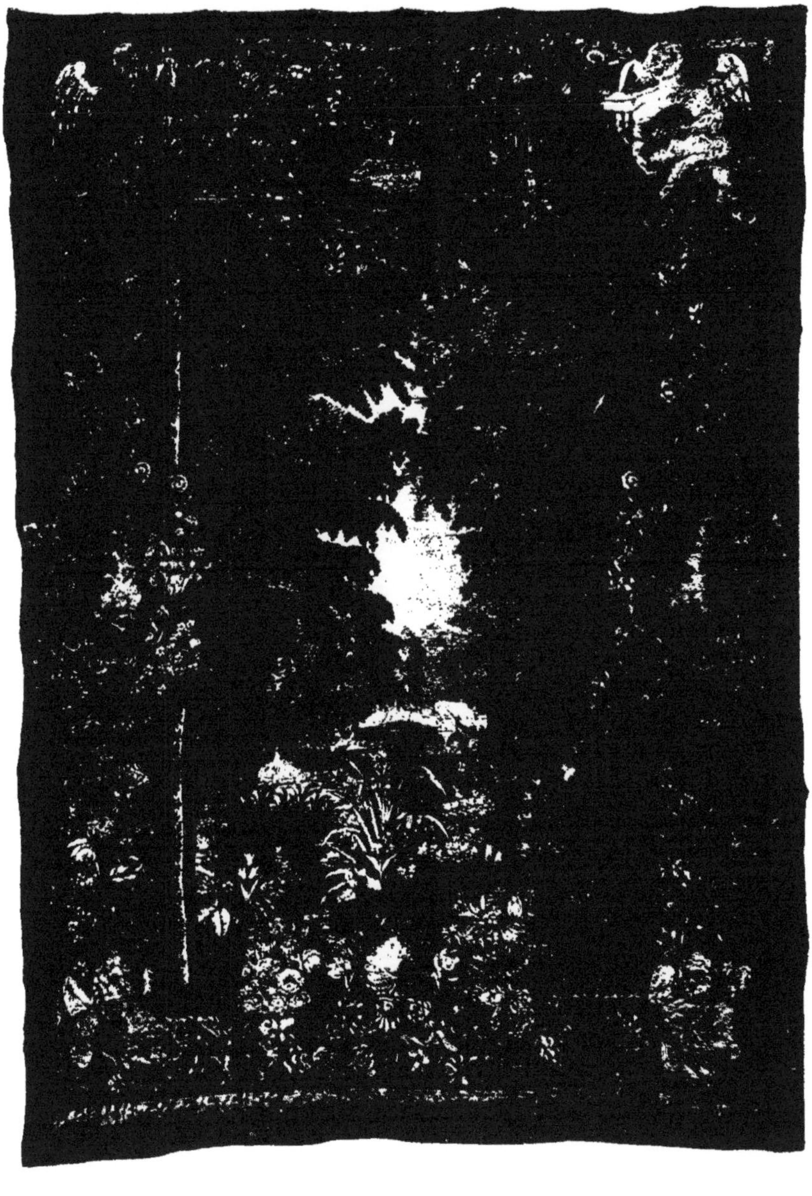

291 — Lit en bois sculpté, à fronton orné de feuilles d'acanthe, laqué blanc. Époque Louis XVI.

292 — Lit en bois sculpté laqué blanc. Époque Louis XVI.

293 — Lit de style Louis XVI en bois sculpté, laqué blanc à filets bleus.

294 — Petite commode à trois tiroirs et coins arrondis en bois de placage. Dessus de marbre. XVIIIe siècle.

295 — Cadre en bois sculpté, orné d'attributs guerriers et d'un fronton à couronne. Travail italien du XVIIIe siècle.

296 — Petit bureau en bois de citronnier, soutenu par quatre colonnettes; dessus recouvert de maroquin rouge et entouré de petits balustres. Époque de la Restauration.

TAPISSERIES

297 — Série de deux tapisseries de la fabrique de Bruxelles. Le centre de ces tapisseries est occupé par un écusson armorié et timbré d'un casque de chevalier. Au bas se voit une scène champêtre à petits personnages représentant, pour la première : *La Tonte des moutons;* pour la seconde : *La Fenaison.* Larges bordures à trophées d'armes et guirlandes de fleurs signées B + B. Époque Renaissance.

Haut., 2 m. 70; larg., 2 m. 55.

298 — Tapisserie flamande. Près d'un château dont on aperçoit les bâtiments principaux entourés d'un parc

aux dessins réguliers, passent un paysan et une paysanne poussant devant eux un mouton et une vache. Bordures simulant un cadre. Époque Louis XIV.

Haut., 2 m. 15; larg., 1 m. 75.

299 — Tapisserie de Bruxelles, représentant *la Moisson.* Au milieu d'un vallon sur les flancs duquel se dressent les ruines d'un château, des moissonneurs fauchent le blé que d'autres mettent en gerbes. Le maître, monté sur son âne, désigne en souriant deux couples qui dansent au son de la cornemuse. Bordures à feuilles d'acanthe simulant un cadre. Époque Louis XIV.

Haut., 3 m. 20; larg., 5 m. 20.

300 — Tapisserie, composition d'après Téniers : *Le Dîner champêtre.* Sous un bosquet, assis autour d'une table, des paysans devisent et boivent. Époque Louis XIV.

Haut., 2 m. 85; larg., 2 m. 00.

301 — Tapisserie de Bruxelles. *Diane chasseresse.* Sur le bord d'une forêt, près de laquelle coule une rivière dont les eaux font tourner la roue d'un moulin, Diane, accompagnée d'une de ses suivantes, excite ses chiens à la poursuite d'un sanglier. Belles bordures à guirlandes de fleurs et de fruits au milieu desquels voltigent des oiseaux. Signée : G.-V. LEEFDAEL. Époque Louis XIV.

Haut., 3 m. 65; larg., 3 m. 75.

302 — Tapisserie verdure de la fabrique d'Arras, représentant une clairière dans un parc, entourée de belles et larges bordures offrant au milieu des médaillons d'où partent des guirlandes de fleurs que des amours soutiennent dans les angles. Époque Louis XIV.

Haut., 3 m. 25; larg., 2 m. 25.

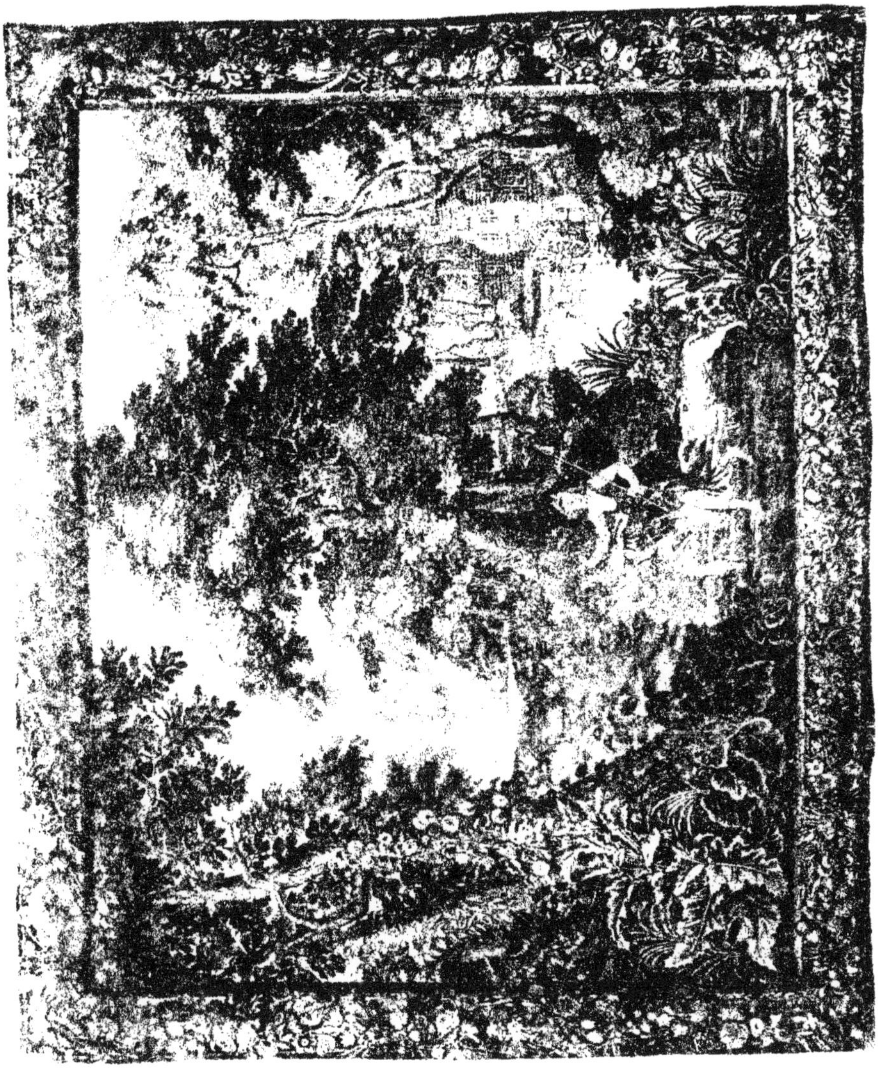

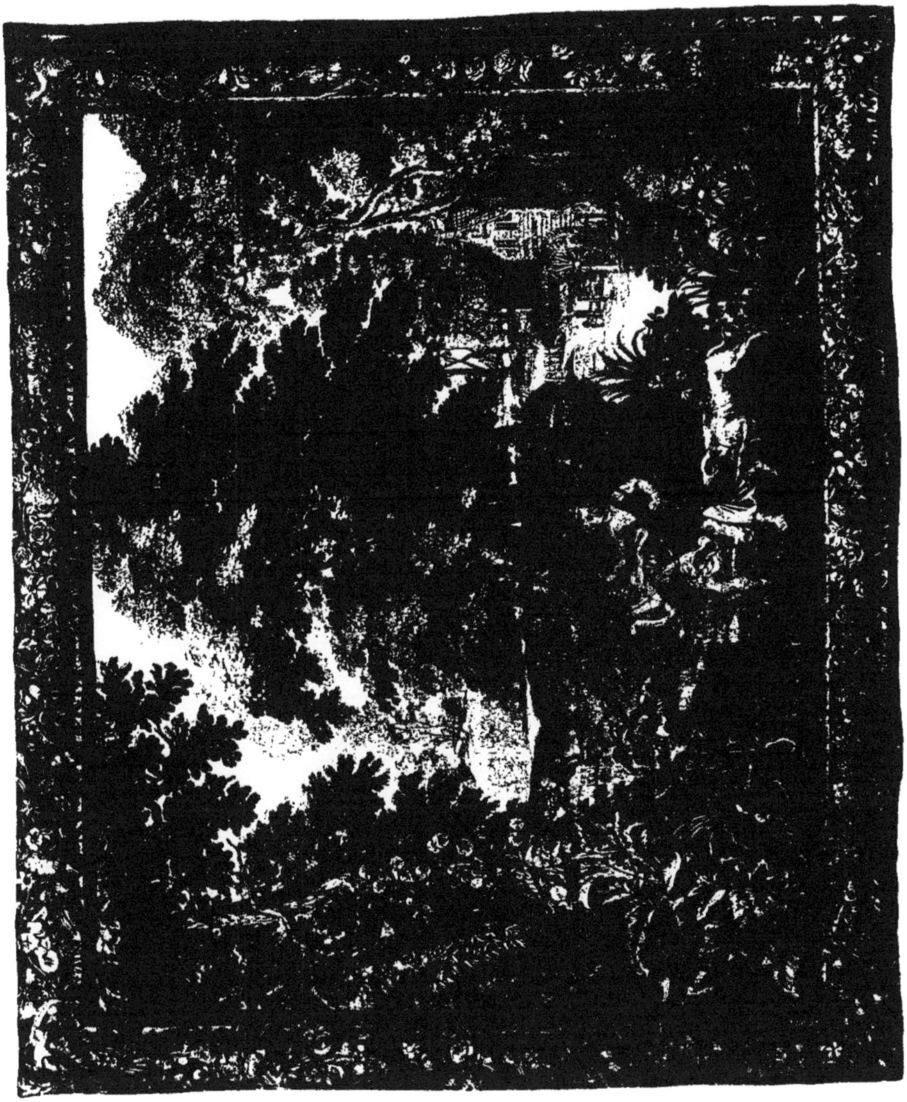

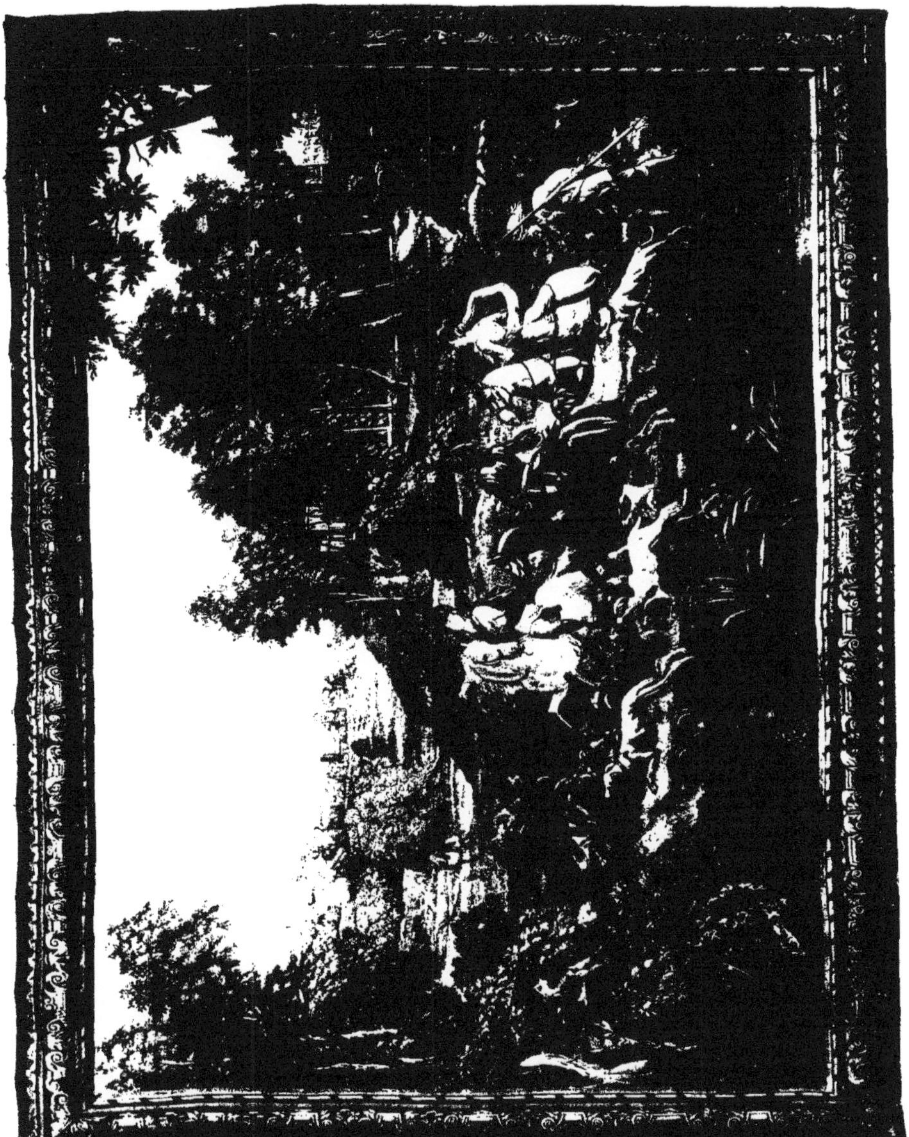

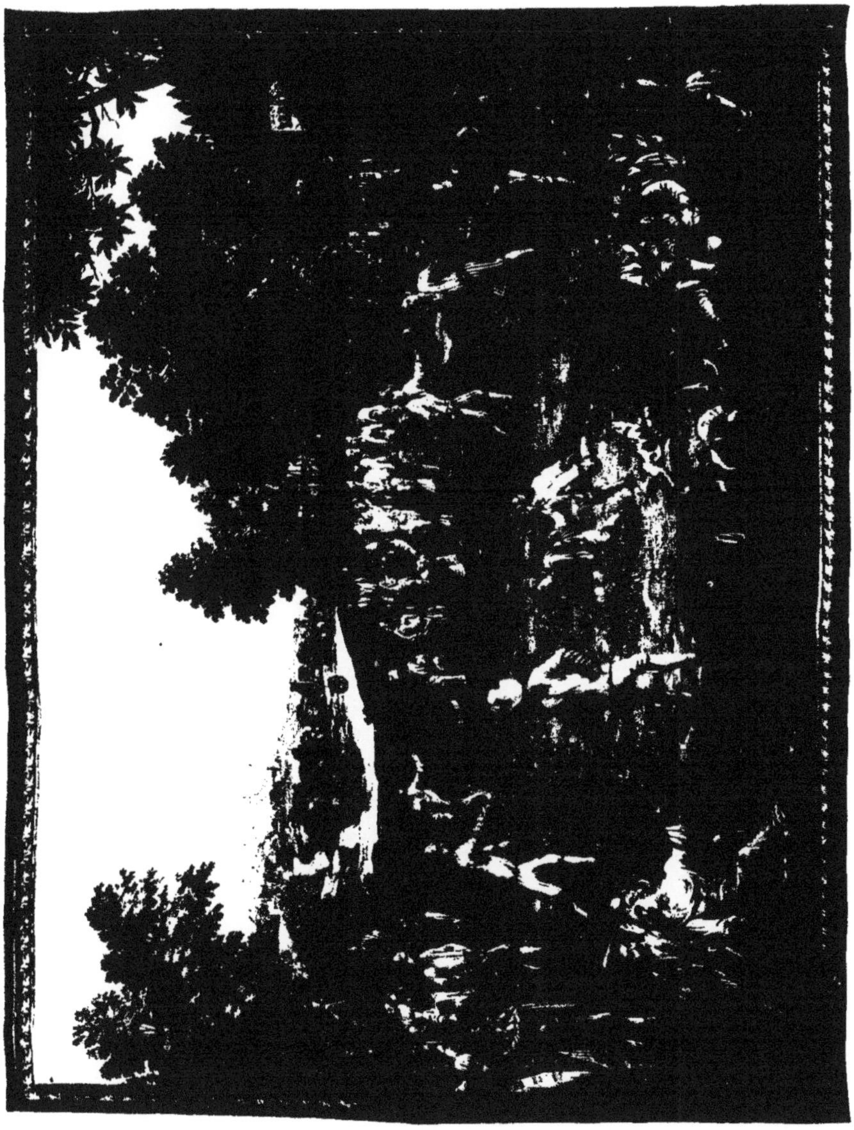

303 à 305 — SÉRIE DE TROIS TAPISSERIES de Bruxelles, d'après les dessins de Van der Meulen. Époque Régence.

1° 303 — *La Chasse au lièvre.* Dans un décor de paysage boisé, au fond d'un vallon traversé par un torrent, des cavaliers et une amazone excitent la meute des chiens à la poursuite d'un lièvre.

Haut., 3 m. 35; larg., 4 m. 35.

2° 304 — *La Chasse au renard.* Deux cavaliers traversent une rivière à gué et précédés de leurs chiens, s'élancent sur les traces d'un renard.

Haut., 3 m. 25; larg., 2 m. 35.

3° 305 — *Le Départ pour la chasse.* Dans une clairière, deux groupes de cavaliers se réunissent et s'apprêtent à partir pour la chasse.

Bordures simulant un encadrement.

Haut., 3 m. 25; larg., 2 m. 45.

306 — TAPISSERIE flamande. *Le Jeu de ballon.* Au milieu d'une place entourée de bouquets d'arbres qui laissent apercevoir par une éclaircie les bords d'un torrent et la silhouette d'une haute montagne, des jeunes gens jouent au ballon. De nombreux personnages, attirés par ce spectacle, entourent les joueurs. Bordures à enroulements simulant un cadre. XVIIe siècle.

Haut., 3 m. 10; larg., 4 m. 20.

307 à 310 — SÉRIE DE QUATRE TAPISSERIES de la fabrique d'Audenarde, d'après les dessins de Téniers. XVIIe siècle.

1° 307 — *Ronde de paysans.* Des jeunes gens sont arrêtés devant une auberge, les uns boivent, d'autres dansent une ronde au son de la vielle.

Haut., 3 mètres; larg., 4 m. 50.

2° 308 — *Départ pour le marché.* Au milieu d'un gué passent des paysans; le maître est à cheval, ses domestiques l'accompagnent, l'un portant des fruits, l'autre une chèvre, et poussent devant eux les autres animaux qu'ils vont vendre au marché.

Haut., 3 mètres; larg., 3 m. 20.

3° 309 — *Le Colporteur.* Un vieillard et une jeune femme rencontrent sur leur route un colporteur qui déploie devant eux son éventaire et fait essayer au vieillard une paire de lunettes.

Haut., 3 mètres; larg., 1 m. 80.

4° 310 — *Les malheurs de la guerre.* Au milieu d'une forêt, des voyageurs sont attaqués par des brigands. Les uns résistent, d'autres sont renversés et garrottés par les malfaiteurs.

Haut., 3 mètres; larg., 3 m. 30.

Bordures à guirlandes de fleurs et de fruits.

311 — TAPISSERIE flamande. *Le tir à l'arc.* Sur une place de village, entourée d'arbres, des groupes de jeunes gens exercent leur adresse en lançant des flèches sur divers buts; d'autres sont assis, fument ou causent entre eux, tandis que la servante de l'auberge vient leur apporter à boire. XVIIe siècle.

Haut., 3 m. 05; larg., 2 m. 60.

312 — TAPISSERIE flamande, d'après les compositions de Téniers. Dans les bosquets voisins d'un château entouré d'un parc dont on aperçoit les massifs et les allées, de jeunes paysans sont réunis près d'une fontaine aux eaux jaillissantes. XVIIe siècle.

Haut., 2 m. 60; larg., 3 m. 25.

313 — TAPISSERIE d'après les dessins de Bérain. Composition décorative formée de cariatides et d'amours supportant des corbeilles de fleurs et de fruits. XVIIe siècle.

Haut., 2 m. 45; larg., 3 m. 50

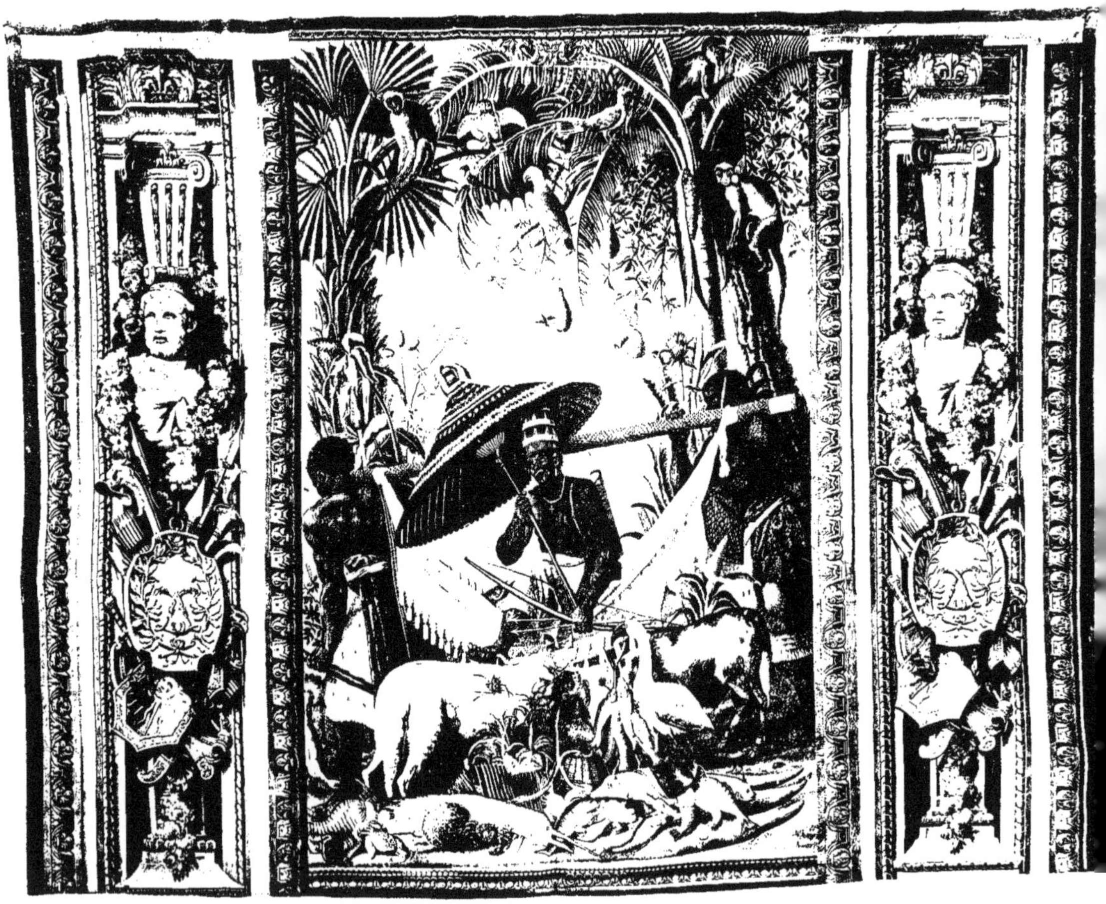

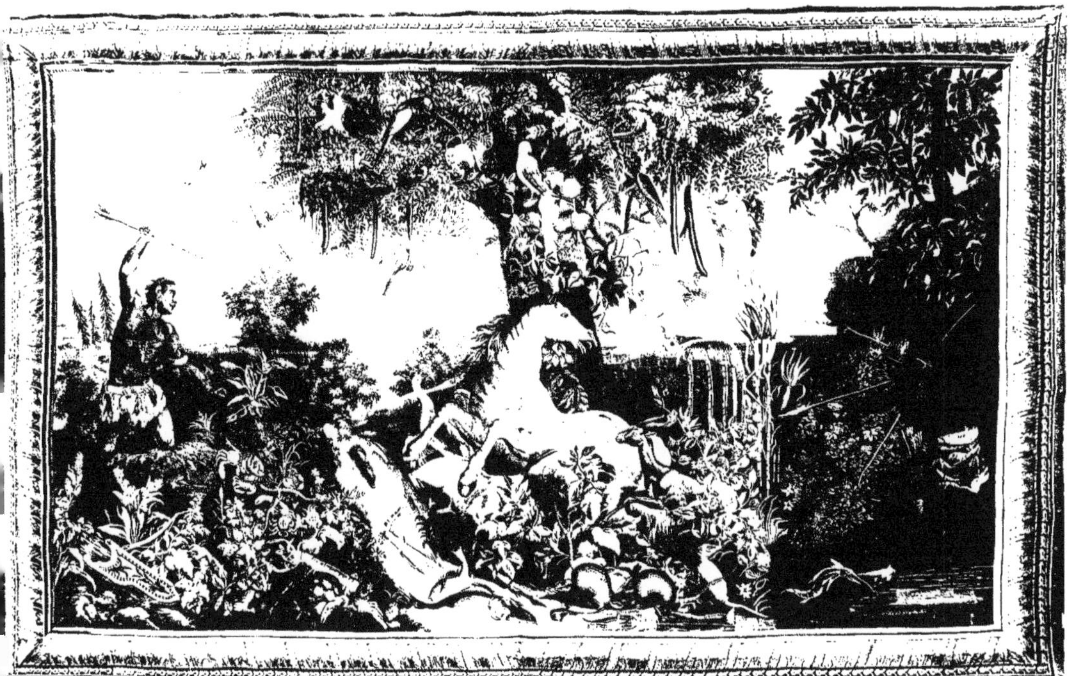

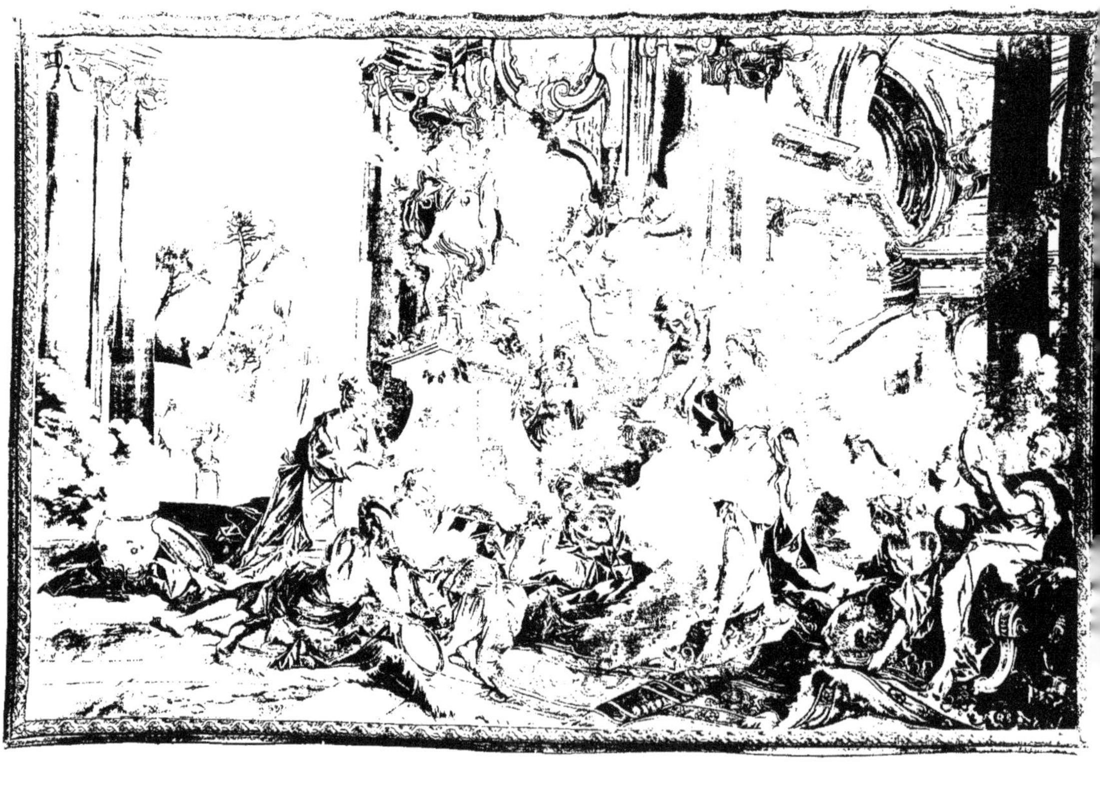

314 — TAPISSERIE des Gobelins de la série dite « des Indes ». Abrité sous un parasol, un roi nègre est porté dans un palanquin par deux esclaves. Devant lui sont groupés des spécimens de la faune du pays. Dans les branches des palmiers qui ombragent cette scène, jouent des singes et des oiseaux. Deux superbes montants encadrent le sujet principal. Ils sont tissés argent, fleurdelysés, et représentent un buste d'homme en marbre blanc, reposant sur un socle enguirlandé de fleurs et décoré de trophées d'armes au chiffre du roi. Époque Louis XV.

Haut., 3 m. 45 ; larg., 4 m. 20.

315 — TAPISSERIE des Gobelins de la série dite « des Indes ». Dans un paysage encadré d'arbres exotiques qui abritent sous leur feuillage de nombreux oiseaux, deux Indiens, à l'affût derrière des touffes de fleurs et d'arbustes, s'apprêtent à percer de leurs traits une troupe d'animaux sauvages affolés. Un ruisseau traverse la scène, des poissons et des crustacés sont étendus sur ses bords ou apparaissent à la surface de l'eau. Bordures à feuilles d'acanthe simulant un cadre doré. Époque Louis XV.

Haut., 3 m. 40 ; larg., 5 m. 50.

316 — TAPISSERIE de Beauvais, de la série dite : « Histoire de Psyché » : *Psyché entrant dans le temple de l'Hyménée*. Sous le portique d'un palais somptueux. Psyché apparaît, conduite par l'Amour, qui voltige près d'elle. Autour de la jeune femme, des suivantes s'empressent : les unes amoncellent de riches tapis sous ses pas, ou lui offrent des oiseaux et des fleurs ; d'autres font retentir les voûtes du temple du son des instruments, tandis que des parfums s'échappent en longues spirales de vases magnifiquement décorés. Bordures simulant un cadre doré.

Signée : *Boucher*, f[t] *Beauvais*. Époque Louis XV.

Haut., 3 mètres ; larg., 4 m. 40.

317 — TAPISSERIE d'Aubusson : *Le Colin-Maillard*. Sur une terrasse, dominant des jardins, un groupe de jeunes garçons et de jeunes filles jouent au colin-maillard. Bordures simulant un cadre entouré de guirlandes de fleurs. Époque Louis XV.

Haut., 2 m. 70; larg., 2 mètres.

318 — TAPISSERIE de Lille. Paysage représentant un rocher couvert d'arbres, près duquel coule une rivière traversée par un pont fortifié, voisin d'un château. Bordures à guirlandes de fleurs et enroulement de feuilles d'acanthe. Époque Louis XV.

Haut., 3 mètres; larg., 1 m. 95.

319 — TAPISSERIE d'Aubusson, d'après les compositions de Van Loo : *La Chasse au Cerf*. Près des ruines d'un château, des chasseurs ont tendu un panneau dans lequel un cerf, poursuivi par les chiens, va se jeter; deux paysans, munis d'épieux, se précipitent à sa rencontre pour le tuer. Bordures à enroulements de fleurs. Époque Louis XV.

Haut., 2 m. 45; larg., 3 m. 45.

320 — TAPISSERIE d'Aubusson : *Le Saut à la corde*. Sur une terrasse entourée d'arbres, entre lesquels on aperçoit les ruines d'un château fort, un jeune garçon saute à la corde : un autre, assis au pied d'un arbre, bande un arc. Bordures à enroulements de fleurs. Époque Louis XV.

Haut., 2 m. 95; larg. 1 m. 95.

321 — TAPISSERIE d'Aubusson : *La Main chaude*. Dans un décor champêtre, au pied d'un arbre mort, trois jeunes garçons et une jeune fille jouent à la main chaude. Bordures à ornements représentant des pierreries. Époque Louis XV.

Haut., 2 m. 90; larg., 2 m. 20.

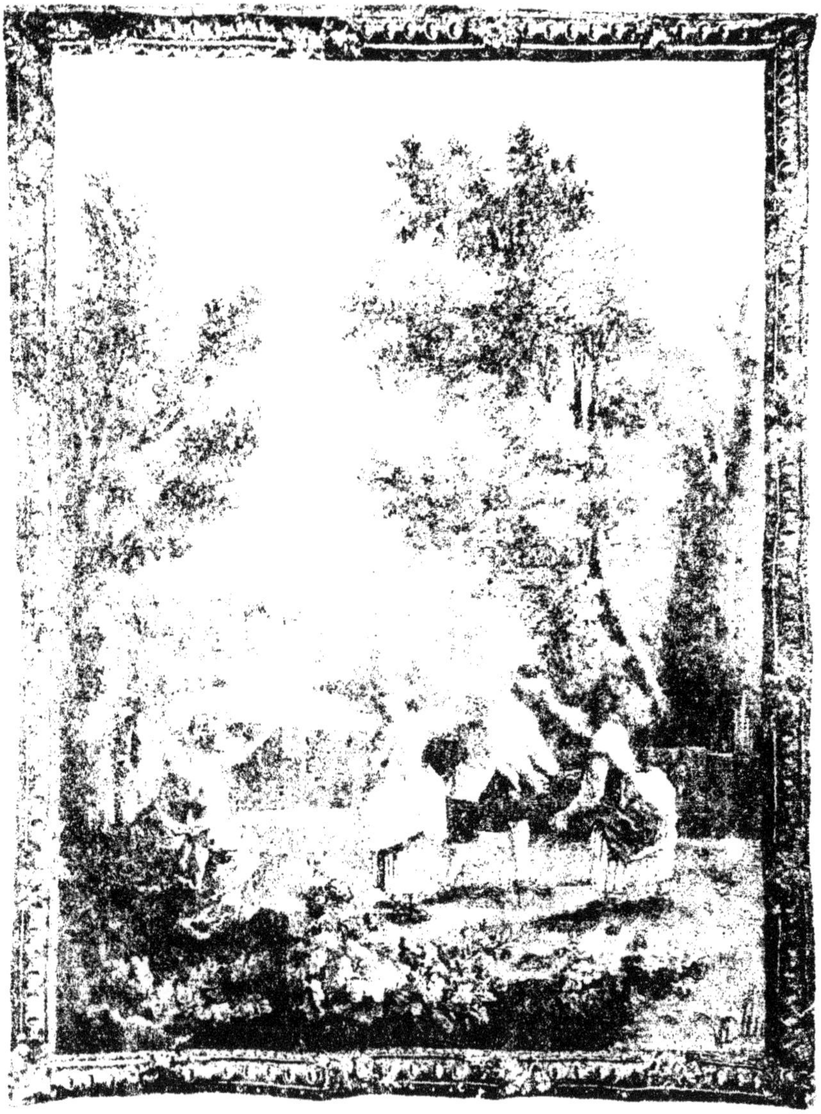

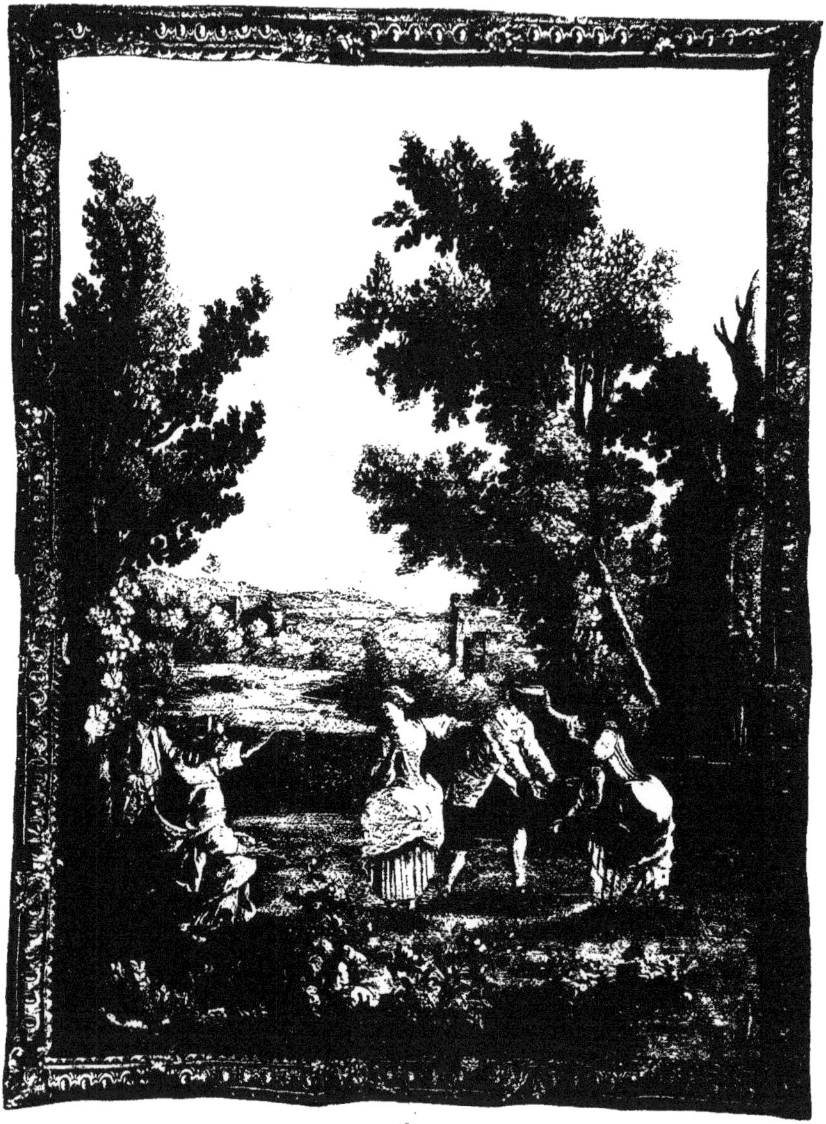

322 — Tapisserie de la fabrique d'Audenarde : au pied d'un arbre, une jeune femme, en costume de chasse, est assise, tenant son fusil à la main; son chien joue à ses pieds. Au fond, on aperçoit un château. xviie siècle.

Haut., 2 m. 90; larg., 2 m. 65.

323 — Tapisserie de la manufacture de Beauvais, représentant un aigle bicéphale, soutenant une couronne fermée et tenant dans ses serres un globe et un sceptre. Des guirlandes de fleurs tombent de chaque côté et dans le bas de la tapisserie: sur des consoles ornées de corbeilles de fleurs, se tiennent des oiseaux. Encadrement de bordures à cornes d'abondance d'où tombent des fruits. xviiie siècle.

Haut., 1 m. 90; larg., 2 m. 74.

324 — Portière en tapisserie de Beauvais, représentant un dragon percé d'une flèche. xviiie siècle. Bordures modernes.

Haut., 3 m. 25; larg., 1 m. 75.

325 — Panneau en tapisserie très fine d'Aubusson, d'après les compositions d'Huet, représentant un sujet tiré des fables de La Fontaine : *Le Renard et les Raisins*, entouré de draperies, d'attributs et de bouquets de fleurs. xviiie siècle.

Haut., 2 m. 45; larg., 0 m. 70.

326 — Tapisserie, d'après les dessins d'Huet : *Le Galant Berger*. Devant la porte d'une ferme, des jeunes femmes sont assises; un jeune berger s'approche d'elles et leur offre des fleurs. Bordures à enroulements de fleurs. xviiie siècle.

Haut., 2 m. 10; larg., 3 m. 10.

327 — Tapisserie, d'après les compositions de Leprince. « Assis au bord d'un ruisseau, un jeune Chinois pré-

sente à un vieillard une anguille qu'il vient de pêcher ». Bordures à enroulements simulant un cadre. XVIIIe siècle.

Haut., 1 m. 75; larg., 1 m. 75.

328 — TROIS BORDURES en tapisserie de Paris, à décor de trophées, de guirlandes de fleurs, d'amours et de médaillons; deux sont brochées argent. Époque Louis XIII.

Environ 4 m. 65.

329 — BORDURES en tapisserie de Bruxelles, à guirlandes de fleurs et de fruits. Époque Louis XIV.

Environ 5 m. 55.

330 — BORDURES en tapisserie de Bruxelles, formant un encadrement complet, à décor d'oiseaux, de fleurs et de fruits. Époque Louis XIV.

Environ 13 m. 55.

331 — QUATRE TRAVERSES ET CINQ MONTANTS DE BORDURES en tapisserie de Bruxelles, à décor de rinceaux et de fleurs. Époque Louis XIV.

Environ 28 mètres.

332 — BORDURES en tapisserie d'Aubusson, d'après les compositions de Bérain, à décor de rinceaux et de fleurs. Époque Louis XIV.

Environ 8 m. 80.

333 — DEUX MONTANTS DE BORDURES en tapisserie de Flandre, à décor de carquois, de fleurs et d'amours. Époque Louis XIV.

Environ 8 mètres.

334 — BORDURES en tapisserie de Bruxelles, formant un encadrement, à décor de guirlandes de fleurs et de fruits. Signées : J. Cordys. Époque Louis XIV.

Environ 11 m. 70

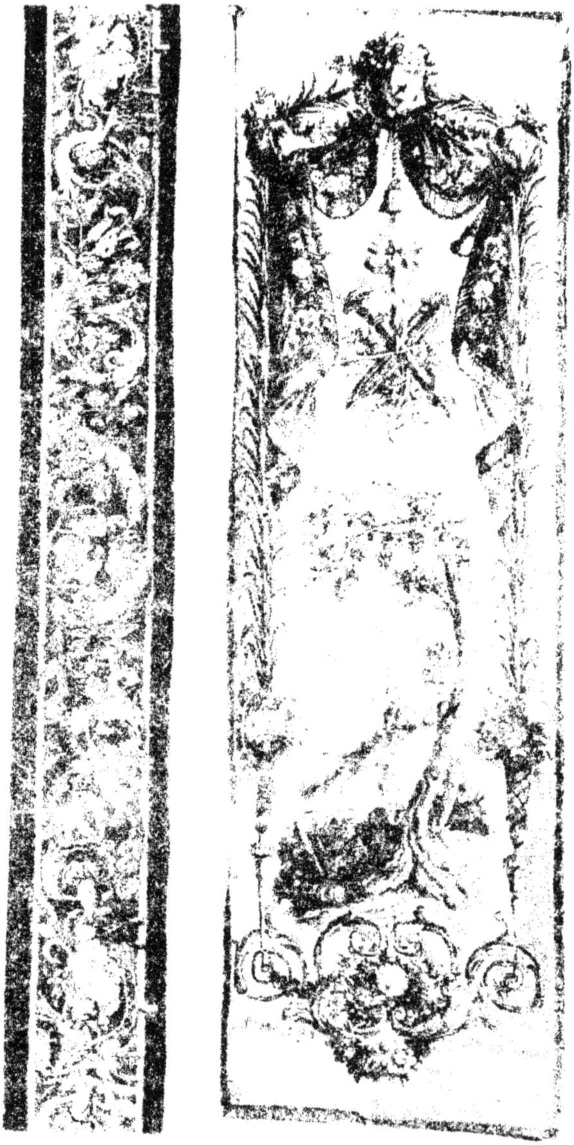

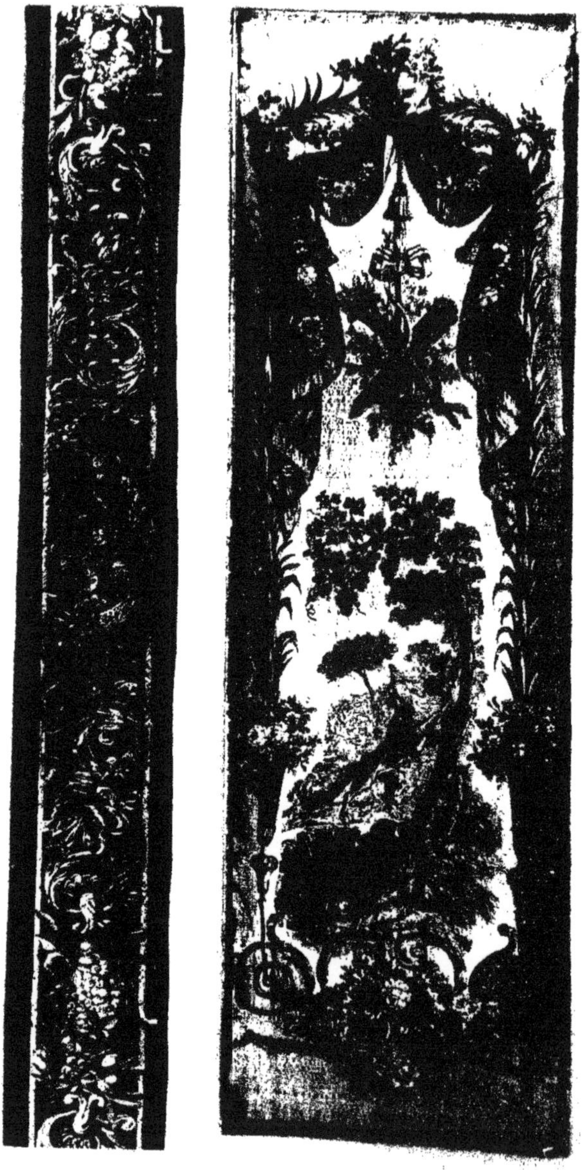

335 — Belles bordures en tapisserie de Beauvais, d'après les compositions de Bérain. XVIIe siècle.

Environ 13 m. 40.

336 — Deux bordures en tapisserie de Beauvais, à dessin d'après Bérain. XVIIe siècle.

Environ 4 m. 50.

337 — Bordures en tapisserie de Flandre, formant un encadrement complet. XVIIe siècle.

Environ 11 m. 80.

338 — Deux montants de bordures en tapisserie de Bruxelles, figurant deux colonnes torses enguirlandées de fleurs. XVIIe siècle.

Environ 5 mètres.

339 — Trois montants de bordures en tapisserie de Bruxelles, à décor de vases et de fruits. XVIIe siècle.

Environ 6 m. 55.

340 — Bordures en tapisserie de Bruxelles, représentant des rinceaux et des guirlandes de fleurs et de fruits. XVIIe siècle.

Environ 41 m. 75.

341 — Bordures en tapisserie de Beauvais à enroulements, simulant un cadre. Époque Louis XV.

Environ 11 mètres.

ÉTOFFES — TAPIS

342 — Beaux velours de Gênes, fond argent, à petits dessins bleus. Époque Renaissance.

Environ 11 mètres.

343 — **Brocart** à décor d'arabesques sur fond vert. Époque Renaissance.

Haut., 1 m. 35 — 0 m. 50.
Larg., 2 m. 95 — 0 m. 40.

344 — **Grand tapis** en toile de couleur ardoise, orné de dessins blancs au point de chainette. Époque : Fin de la Renaissance.

Haut., 2 m. 75; larg., 2 mètres.

345 — **Six pièces de brocart** de soie lamé d'argent à petits dessins sur fond de couleur. Époque Renaissance.

346 — **Trois couvertures de lit** en toile blanche, ornées de broderies au passé et au point de chaînette. Fin du XVIe siècle.

Haut., 2 m. 08 — 2 m. 52 — 2 m. 63.
Larg., 1 m. 76 — 1 m. 90 — 1 m. 75.

347 — **Velours** vieux rouge, uni. Époque Louis XIII.

Environ 38 mètres.

348 — **Velours** rouge, uni. Époque Louis XIII.

Environ 38 mètres.

349 — **Brocatelle** verte à grands dessins. Époque Louis XIV.

Environ 73 mètres.

350 — **Velours** rouge uni, soutaché de galons et de franges, métal et or. Époque Louis XIV.

Environ 160 mètres.

351 — **Damas vert.** Époque Louis XIV.

Environ 97 mètres.

352 — **Damas** vieux rouge, à petits dessins. Époque Louis XIV.

Environ 63 mètres.

353 — Damas vieux rouge, à grands dessins. Époque Louis XIV.

Environ 267 mètres.

354 — Huit housses de chaises et une housse de canapé en toile de soie jaune, ornées de broderies en chenille et d'applications de satin, entourées de galons. Époque Louis XIV.

355 — Brocatelle Louis XIV, nuance saumon, à grands dessins.

Environ [illegible] mètres.

356 — Tapis Louis XIV en brocart à petits bouquets de fleurs sur fond crème, entouré de galons d'or.

Environ 8 mètres.

357 — Pièce de brocart fond crème, lamé d'or, à grands feuillages de même ton et fleurs de diverses couleurs. XVIIe siècle.

Environ 4 m. [illegible]

358 — Quatre pièces de brocart lamé d'or et d'argent, décorées de feuillages et de bouquets de fleurs sur fond crème. XVIIe siècle.

359 — Dessus de lit en satin cerise, orné de broderies au passé, représentant des semis de fleurs, et entouré de bordures à guirlandes de fleurs et rubans : travail espagnol. XVIIe siècle.

Haut., [illegible] m. 20; larg., 2 m. [illegible]

360 — Tapis en soie blanche, orné de broderies figurant un chrysanthème, entouré d'arabesques, de fleurs et d'oiseaux. XVIIe siècle.

Haut., 2 m. 28; larg., 1 m. 80.

361 — Tapis italien en satin blanc, orné de broderies polychromes au passé, à décor d'arabesques, d'oiseaux et de fleurs, XVIIe siècle.

Haut., 2 m. 35; larg., 1 m. 96.

362 — Tapis espagnol en taille grise, orné de broderies au passé à décor d'arabesques en soie jaune et de fleurs roses, XVIIe siècle.

Haut., 2 m. 30; larg., 1 m. 66.

363 — Grand tapis en satin, orné de broderies au passé, à décor d'arabesques et de fleurs, XVIIe siècle.

Haut., 3 mètres; larg., 2 m. 50.

364 — Grande couverture en toile piquée et ornée de broderies au passé sur fond or, XVIIe siècle.

Haut., 3 m. 28; larg., 2 m. 55.

365 — Grande pièce de brocart d'or. Époque Louis XV.

Environ 6 mètres.

366 — Beau morceau de brocart d'argent chenillé. Époque Louis XV.

Haut., 1 m. 45; larg., 1 m. 28.

367 — Tapis en brocart à décor d'arabesques sur fond vert. Époque Louis XV.

Haut., 2 m. 30 — 2 m. 12 — 1 m. 45 — 2 m. 10.
Larg., 0 m. 92 — 0 m. 55 — 1 mètre — 1 m. 45.

368 — Lampas de soie, fond bleu, à dessins argent, représentant des médaillons et des attributs. Époque Louis XVI.

Environ 48 mètres.

369 — Velours rouge uni, soutaché de galons, XVIIIe siècle.

Environ 30 mètres.

370 — Tapis espagnol, en peluche de soie, vieux rose, orné de broderies représentant un médaillon central armorié et entouré de bordures à décor de fleurs et d'étendards de diverses couleurs. XVIIIe siècle.

Haut., 2 m. 40; larg., 2 m. 20.

371 — Beau tapis espagnol en satin rose, orné de broderies au passé, représentant des guirlandes de fleurs. XVIIIe siècle.

Haut., 2 m. 75; larg., 2 m. 12.

372 — Tapis en satin bleu ciel, orné de broderies au passé, représentant des feuillages et des fleurs, encadré de bordures à guirlandes de fleurs et entourées de petites franges polychromes. XVIIIe siècle.

Haut., 2 m. [illegible]; larg., 1 m. [illegible].

373 — Grand tapis en satin bleu pâle, travail espagnol.

Ce tapis est décoré de broderies au passé, offrant au centre une couronne de roses et aux angles des bouquets de fleurs et des semis d'oiseaux, de papillons et de fleurs. La bordure est formée de guirlandes de roses. XVIIIe siècle.

Haut., 2 m. 72; larg., 2 m. 34.

374 — Grand tapis espagnol en satin bleu, orné de broderies au passé, présentant au centre un médaillon formé de rinceaux et de fleurs; les coins sont ornés de corbeilles remplies de fleurs et entourées de papillons. L'encadrement est formé de guirlandes et de bouquets de fleurs autour desquels volent des papillons. XVIIIe siècle.

Haut., 2 m. [illegible]; larg., 2 m. 14.

375 — Brocart de soie, lamé d'or, à décor de feuillages et de fleurs en chenilles sur fond gris.

Environ 10 mètres.

376 — Tenture en satin blanc, ornée de broderies au point de chainette, représentant des couronnes et des guirlandes de fleurs, encadrant des attributs champêtres, et formée de cinq panneaux, mesurant chacun 2 m. 55 × 75 cent.

Ensemble 12 m. 75.

377 — Brocart d'or, à décor de rectangles, encadré de lignes vertes.

Environ 7 m. 20.

378 — Quatre feuilles de paravent en broderies au point de chainette, de style Louis XVI à dessins, représentant des guirlandes de roses, encadrant des attributs champêtres, et un écran de même style, au point de chainette, à decor de guirlandes de roses encadrant un sujet : *la Leçon de musique*.

379 — Deux rideaux et une couverture de lit, en satin bleu, fleurdelysés, encadrés par des bordures aux armes de la famille d'Orléans, ornés de branches de lis au naturel. Époque de la Restauration.

[illegible] rue Saint-Benoît [illegible]

www.ingramcontent.com/pod-product-compliance
Ingram Content Group UK Ltd.
Pitfield, Milton Keynes, MK11 3LW, UK
UKHW031920260826
14628UKWH00003B/1324

9 782329 518756